英語学習

株式会社GRIT
代表取締役社長
岡田祥吾

The Most Logical and Effective Way to Improve Your English Skills.

2.0

角川書店

英語学習

The Most Logical and Effective Way to Improve Your English Skills.

2.0

装丁／石澤義裕（Uganda）

DTP／フォレスト

プロローグ

　まず、数多くの英語学習に関する書籍の中から、この1冊を手にとっていただいたことに感謝します。
　その思いに応えるには、まず最初に、この本の特徴をお伝えするのが一番フェアだと思いますので、以下、この本の特徴をまとめてみます。

「問題解決アプローチ」を英語学習に適用

　私は、マッキンゼーのコンサルタントとしてキャリアをスタートさせながら、**英語ができず、数々のプロジェクトで悔しい思いをしてきました。**少しでも英語力を上げようと、会社から指定された英語研修を続けましたが、それでもなかなか英語ができるようになりませんでした。
　そんな苦しい日々を送る中で、ある日思いついたのが、それまで自分が**クライアントに散々説いてきた、「問題解決アプローチ」を自分自身の英語学習に適用**することでした。

それが、劇的な効果を生んだのです。

本書は、私が、文字通り、汗と涙の結晶としてたどりついた、「英語学習の神髄」をお伝えする本です。

英語力を確実に伸ばすたった2つのこと

この本は、本気で英語を身につけたい人に向けて書いた本です。

「英語力を伸ばすために、最も効果的な方法とはなんだろうか？」

この問いに真剣に向き合い、1つの答えを出したのが本書です。楽に英語力が身につく方法を知りたいという方は、本書は閉じてください。そんな魔法のような方法は書いていません。ただし、本気の人にとっては人生を変える1冊になると思います。本気で英語を身につけたいという方は、ぜひこのあとも続けてお読みいただけたら幸いです。

まず、1つの数式をご紹介します。

英語力の伸び ＝ 学習生産性 × 投下時間

プロローグ

　この数式に従って英語学習を考えていくことが非常に重要ですので、ぜひ頭に入れてください。

　まず「**学習生産性**」ですが、これは「一定の時間勉強して、どの程度英語力が上がるか」ということです。勉強の効率と言い換えることができるかもしれません。
　「**投下時間**」は、読んで字のごとく、英語学習に費やす時間です。
　みなさんが英語力を伸ばしたいと思ったら、すべきことは2つしかありません。
　それは、**学習生産性と投下時間の最大化**です。
　効率の悪い学習を長時間やっても英語力は伸びませんし、どれだけ正しい方法で学習しても、1日5分の学習では英語力が伸びることはありません。
　したがって、この本では大きく次の2つのことを学んでいただきます。

　①本当に効果のある英語学習方法とは何なのか？
　②それを続けるためにはどうすればいいのか？

　この2つがしっかり理解できて、実践できれば、英語力は絶対に伸びます。

「英語学習」業界は、時代とともに変化している

「英語学習」業界は、時代とともに大きな変化を遂げ、英語学習の環境整備は、どんどん進んでいます。

「英語学習」といえば、「英会話スクール」を思い浮かべる方が多いと思います。1964 年に開かれた東京オリンピックの影響もあり、1970 年代頃から、英語学習の主流は、英会話スクールでした。

先生 1 人に対してグループで授業を受けるグループレッスンタイプが多かったのですが、そのうち、本気で英語を身につけたい人を中心に、マンツーマンレッスンの需要が徐々に高まってきました。

そして、2000 年頃に登場し、非常にメジャーになってきた英語学習が、オンライン英会話です。

オンライン英会話は、英語学習業界にイノベーションを起こしました。中でも、レアジョブや DMM などが非常に有名ですが、これらのオンライン英会話は、主にフィリピン人の先生とスカイプなどを使って英会話をする形式です。

フィリピン人以外の先生も増えてきていますが、人件費の安い国や地域の先生とオンラインでつなぐことにより、コス

プロローグ

トを大幅に下げ、非常に安価でマンツーマンの英会話レッスンが受講できるようにしたものです。

月に5,000円程度という価格で、毎日自宅で英会話レッスンが受けられるようになり、今までは金銭的な理由や、時間的な理由で英会話学習に手を出せなかった人に、一歩を踏み出す機会を提供してくれました。

ほかにも、多くの英語学習アプリや英語教材が発売されつづけ、誰でも国内にいながら英語学習に取り組める環境が、急速に整備されてきました。この英語学習手段の多様化の時代が、「英語学習1.0」です。

時代は、「英語学習2.0」へ

そして今、英語学習は次のステージ、「英語学習2.0」へと変わろうとしています。

今、私たちの多くは、英語学習の手段（How）が、整備されすぎたが故に、かえって自分に最も合う学習法が何なのかがわからなくなっています。

たとえば、こんな状況に陥ったことはないでしょうか？

「書店へ行っては気になる本を手にとってみるものの、やはりオンライン英会話をしたほうがよいのではないかと思いなおし、本は途中でやめて、オンライン英会話に登録してみた。

　最初の３日ぐらいは意気込んでやってみるものの、気づいたら、その後はまったくレッスンを受けずに１カ月が経過していた」

「英語ができる友人からたまたま、シャドーイングがいいよ！　と聞いて、トライしてみたものの、成長しているのかどうかよくわからない……」

　これが、よく見られる、「環境は整備されているのに、何が自分にとって最も適切なのかがわからず、結局、挫折してしまう」パターンです。

　このジレンマを解決し、効果的に英語力を上げようという動きが「英語学習2.0」です。

既存のメソッドをいかに使うかにフォーカス

「英語学習2.0」は、従来のように手段（How）の発明ではなく、既存の英語学習手段やメソッドをどのように使うかにフォーカスした考え方です。

　効果的に学習する方法は、人によってオンライン英会話を

プロローグ

集中的に実施したほうがいい人もいれば、音読トレーニングにフォーカスしたほうが英語力を伸ばすことができる人もいて、さまざまです。

　私は今、英語コーチングプログラム「プログリット（PROGRIT）」を提供する会社を経営しています。一人ひとりの英語力と生活習慣を徹底的に分析し、その人に最も適切な学習プログラムを作成するというものです。そして、一定期間、英語学習を継続し、確実に結果を出せるように、専属コンサルタントが伴走しながらサポートしていきます。

　その中で驚くことは、**これほどまでに、人によって効果的な学習法が違うのか**ということです。

　英語学習手段が飽和している今、必要なのは何か新しい勉強法ではありません。その人にとって、最も効果的なアプローチは何かを見つけだすことです。

　本書では、創業以来２年半にわたりプログリットが提供し、地道に研究してきた成果をもとに、最もあなたに合った英語学習法と、それを継続するための方法を、紙幅が許すかぎりていねいにお伝えしていきます。

　なお、英語学習は、子どもにとって効果的なものと大人にとって効果的なものが違います。本書は、大人が第二言語と

して学習するケースで紹介しています。

私たちはすでに膨大な時間を英語に割いてきた

それでは、まず、これまでみなさんがどれくらい英語学習に取り組んできたのか、振り返ってみてください。

仕事でがんばっているビジネスパーソンが英語ができないのは、単純に英語学習が足りないからではありません。

考えてみてください。中学校あるいは小学校から始めて、いったいどれくらいの時間を英語に割いてきたでしょうか。

大学受験では、英語は多くの配点が割かれていますので、きっと英語学習に多くの時間を投資してきたと思います。大学に入ってからも、教養課程で英語を勉強し、専門課程でも英語の文献を読んだかもしれません。

さらには、就活対策でも英語の勉強をして、TOEICの点数をアップさせ、社会人になってからも英会話スクールに通ったり、英語学習教材を購入してはトライしたりしてきたかもしれません。

しかし、こんな現実はないでしょうか。

仕事は一流、英語は二流

プロローグ

　私は現在の職業上、多くのビジネスパーソンと話す機会があるのですが、「英語ができさえすれば……」という方にお会いする機会が少なくありません。

TOEIC700点超でも、英語に困っている現実

　ある有名メーカーに勤務している方は、国内営業で実績を上げ、TOEICスコアが700点程度あるということから海外事業部に異動。周りから見ればうらやむようなキャリアなのですが、そこから非常に苦しむことになったそうです。

　自分の英語力にまったく自信がなく、本来電話一本かければすむ相談をわざわざメールで打ったり、メールでも正しいニュアンスで伝わっているのかどうかよくわからないため、その都度英語ができる同僚にチェックしてもらったりしていたとのこと。当然、業務効率が悪くなり、本来のパフォーマンスが出せていない状況でした。

　これは一例ですが、こういった状況は決して珍しいことではないと、自分自身の経験も含め感じています。むしろ多くの方が、こうした状況の中で苦しんでいるのではないかとさえ思います。実際、あちこちの日本企業で、下記のような日常が、くり広げられています。

11

・海外取引先とのテレカン（電話会議）で、発言が何もできなくて、「英語ができるけど話している内容はそうでもない」人に議論をリードされてしまった。

・日頃の活動が評価されて、大きなキャリアアップの海外駐在のチャンスが巡ってきた。しかし、英語力で撥ねられてしまいそうだ……。

・当社は比較的ローカルな企業だったので、英語から逃げてきたが、とうとう海外取引先との交渉が増えてきて、もう逃げられそうにない。

・アジア企業が相手で、カウンターパートの人が堂々とノンネイティブの英語で押し込んできて、正直圧倒される。

・電話を取ったら英語での問い合わせ。あわてて周りを見回すも、対応できるのは自分だけ。なんとか、ごまかしたが、これで本当に大丈夫か。

　これは、ビジネスで英語を使えるようになり、自分のキャリアを飛躍させたいと悩んでいるビジネスパーソンから直に聞いたエピソードであり、また、私自身の通ってきた道でも

プロローグ

あります。

　書店には、あれだけたくさんの英語教材がならび、街を見回せば、あちこちに英語学校があり、もはや国をあげて英語学習をしているというのに、仕事でがんばり、結果を出しているビジネスパーソンが、こと英語に関しては成果をうまく出せず、困難に直面しつづけています。

「何かまちがっている」

　そう思った私は、自分も含め、**いったい何が問題なのか、適切な解決法はないのか**、英語習得のための模索を開始しました。そして、**いつも自分がビジネスで用いている「問題解決アプローチ」を適用することで、最も理にかなった、最も効率的な学習法にたどりついた**のでした。

　本書では、随所に科学的根拠も示しながら、あなたの英語学習を根本的に変える「英語学習 2.0」の世界をご紹介します。

13

もくじ ● 英 語 学 習 2.0

プロローグ 「問題解決アプローチ」を英語学習に適用 ……………………… 3
　　　　　英語力を確実に伸ばすたった2つのこと ……………………… 4
　　　　　「英語学習」業界は、時代とともに変化している ……………… 6
　　　　　時代は、「英語学習2.0」へ ……………………………………… 7
　　　　　既存のメソッドをいかに使うかにフォーカス ………………… 8
　　　　　私たちはすでに膨大な時間を英語に割いてきた ……………… 10
　　　　　TOEIC700点超でも、英語に困っている現実 ……………… 11

Chapter 1

なぜ英語ができない私がマッキンゼーを経て英語教育で起業できたのか

実は英語が一番苦手だった ……………………………… 22
　文法問題はわかっても、リスニングはちんぷんかんぷん … 22
　英語との出合い ………………………………………………… 23
　研究者からビジネスパーソンに方向転換 ………………… 24
　意を決して、1年間のアメリカ留学 ………………………… 26
　アメリカの大学の授業で受けた衝撃 ……………………… 27

マッキンゼーで感じた value ゼロの自分 ……… 29
　マッキンゼーに入社したものの…… ……………………… 29
　一瞬で崩れ去った自信と期待 ……………………………… 31
　ふたたび「英語がまったくわからない」……………………… 32

目 次

英会話レッスンの幻想 ……………………… 34

すがるように始めた英会話レッスン ……………… 34
なぜ英会話レッスンで、英語力が上がらないのか …… 35
英語が伸びるカギは「自習」にある ……………… 36
効果的な学習法を模索する日々 …………………… 37
忙しいあなたが「時間の壁」を打ち破るには ……… 39
仕事の生産性を高めるためにすべきこと …………… 40
仕事のスピードは、もっと速められる！ …………… 41

なぜ英語教育分野で起業したのか？ ……… 43

英語で苦しんだからこそわかった最短ルート ……… 43
日本企業が世界で負ける理由 ……………………… 44
世界と差がつく日本人の英語力 …………………… 45
実は恵まれている日本の英語学習環境 ……………… 48
自分に合った英語学習法でなければ効率が悪い ……… 50
最先端の言語学の知見と科学的根拠に基づいた勉強法 …… 51

Chapter

2 間違いだらけの英語学習

英語学習の羅針盤「英会話の5ステップ」…… 54

英会話の5ステップ …………………………… 54
「羅針盤」があれば、もう迷わない ………………… 56

英会話レッスンは練習試合 ………………… 57

「目的思考」が学習効果を最大化する ……………… 57

英会話レッスンの真の目的 …………………………………… 58
大人の英語学習の最も大きな問題点とは ……………… 59
最新の「第二言語習得論」からわかること …………… 61
オンライン英会話の正しい利用法 ……………………… 62

「The New York Times」や「The Economist」を読むな ……………………………………………………… 64

英文を読む最大の目的は、「英語脳」を作ること ……… 64
「英語脳」を作るのに、最も効果があるもの ………… 65
多読トレーニングの効果を高める2つのポイント …… 66
「The New York Times」「The Economist」幻想 …… 67
多読トレーニングにオススメの本とは ………………… 68

上級者以外は映画を観ても英語はうまくならない … 70

第二言語習得論で考える、英語学習に効果的なもの … 70
理解できない映画を観ても、なんの学習効果もない … 71
洋画や海外ドラマの効果的な活用法 …………………… 72

戦略なきスキマ時間学習はムダ …………………… 73

たとえ毎日取り組んでも、スキマだけでは効果は小さい … 73
「成長実感」が継続のカギ ………………………………… 74
学習の前にまず、「仕事の仕方」の見直しを …………… 75
1日2〜3時間を捻出する思考法 ……………………… 76

受験英語は意味がある …………………………………… 77

「受験英語は役に立たない」は本当か ………………… 77
受験英語は、学習効果を最大化できる ………………… 78

オススメ英語学習本と取り組み方の秘訣 … 80

英会話に必要な文法力がつく本と学習法 ……………… 80
単語帳を買うときは、音声付きのものを ……………… 82
自分のレベルに合ったものを選ぶ ……………………… 83

目次

単語はじっくり覚えてはいけない ················ 84
単語を覚える効果的な方法 ···························· 84
エビングハウスの忘却曲線で暗記効率を高める ········ 85
本当のエビングハウスの忘却曲線とは ················ 86
記憶の定着率を高める暗記法 ·························· 89

TOEIC 嫌いはただの逃げ ················ 93
TOEICの実力 ······································ 93
TOEICにまつわる2つの大きな誤解 ················ 94
ビジネスで英語を使うなら、リスニングは満点欲しい ········ 97

Chapter 3 英語を科学する ——リスニング編

なぜあなたの耳は英語が聞こえないのか？ ··· 100
まずリスニングができない原因を特定する ·············· 100
リスニングをしているときの脳のプロセス ·············· 101
リスニングができない2大要因 ······················ 102
原因は3つに集約できる ···························· 104

音の変化を制するものは、リスニングを制する ··· 106
音の変化がわからないと聞き取れない ················ 106
音の変化1「音の連結」······························ 107
音の変化2「音の消失」······························ 108
音の変化3「フラップのt」···························· 109

音の変化4「弱形」……………………………… 110
「弱形」と「強形」の使い分け ………………… 112

シャドーイングの驚くべき効果 ……… 114
なぜシャドーイングは挫折しやすいのか ………… 114
シャドーイングの真の目的 ………………………… 115
シャドーイングにオススメの教材 ………………… 117
シャドーイングの効果を最大限に引き出す学習法 …… 119

音読でリスニング力を高める ……… 121
意味理解の力を養う多読トレーニング …………… 121
相乗効果がある組み合わせなら効率的に学習できる … 122
リスニング力を上げる音読トレーニング ………… 124
音読トレーニングにオススメの教材とコツ ……… 125
リーディングスピードをWPMで可視化する ……… 125
効果的な音読トレーニング法 ……………………… 127

ディクテーションでリスニング力は上がらない … 129
ディクテーションはあまり負荷がかからないトレーニング … 129
音声知覚のレベル確認に最適なツール …………… 130
成長を可視化し、モチベーションをアップする …… 132

Chapter 4 英語を科学する——スピーキング編

なぜあなたは英語が話せないのか？ ………… 134

目 次

スピーキングの課題を特定する …………………………… 134
スピーキング時の脳のプロセス …………………………… 136

例文暗記でスピーキングはできるようにならない ……………………………………………………………… 138
文章化には、2種類の方法がある …………………………… 138
「単語＋文法」で文章化する力の鍛え方 ………………… 141
継続すれば必ず力がつく ……………………………………… 142

オンライン英会話で英語思考を身につける …… 143
実は重要な「概念化」……………………………………… 143
英語思考を身につけるためのオンライン英会話活用法 … 144
むずかしい日本語をそのまま文章化しない …………… 148
オンライン英会話をストック型の学習にする ……… 152

オンライン英会話で講師の発音は気にするな …… 154
話をしっかり聞いて深掘り質問をしてくれる講師がいい … 154

Chapter

5 英語学習を継続する仕組み

コツコツ学習では一生英語はできない …… 156
「コツコツ」より「3カ月短期集中」……………………… 156
短期集中がいい理由1・人生は短い ……………………… 157
短期集中がいい理由2・効率がよい ……………………… 158
短期集中がいい理由3・成功体験が継続を生む ……… 158

理想は３カ月間、毎日３時間 ……………………………… 159

三日坊主で終わらないための３条件 ………… 161
モチベーションを持続するための３つの条件 ……… 161
条件１・目標設定が適切であること ………………… 162
条件２・英語学習の方法に納得していること ……… 164
条件３・成長実感があること ………………………… 166

忙しいあなたが１日３時間作る方法 ……… 168
理想の学習時間は、１日３時間 …………………… 168
１日３時間を生み出す時間術 ……………………… 169
時間術１・ゼロベースでスケジュールを考える …… 170
仕事を効率化するTips ……………………………… 172
時間術２・起きる時間ではなく、寝る時間を決める … 174
時間術３・スキマ時間に頼らない ………………… 176

予定を立てる ………………………………………… 178
意気込みを予定に変換する ………………………… 178
英語学習の予定も、仕事と同じようにカレンダーに入れる … 180

環境を整える ………………………………………… 182
周りの人をうまく活用する ………………………… 182
仲間がいれば、継続率は飛躍的に上がる …………… 183

エピローグ ## AI時代に、英語は本当に必要か
飛躍的に伸びたGoogle翻訳の精度 ………………… 186
英語学習者は、むしろもっと増える ……………… 186
テクノロジーは、英語がベースになっている ……… 188
日本人だけ英語が話せない状況でいいわけはない ……… 189

参考文献 …………………………………………………………… 191

なぜ英語ができない私が
マッキンゼーを経て
英語教育で起業できたのか

Chapter 1

英語2.0学習

実は英語が一番苦手だった

文法問題はわかっても、リスニングはちんぷんかんぷん

　このような本を書いていると、私はもともと英語が堪能^{たんのう}だったのではないか、と思われるかもしれません。しかし、実際はその逆でした。

　高校のときの一番の苦手科目は英語で、大学では理系の学部に進みました。センター試験のリスニングがまったく理解できなかったのです。

　今でも覚えていますが、センター試験のリスニングは、すべての問題を当てずっぽうで答えました。

　当時の私は、リスニングができる人は、どうして聞き取れるのか、まったく理解できませんでした。

　英語は文法のルールに従って、後ろから順番に訳すものと教えられてきたので、いきなり前から聞いたまま理解しろと言われても「できるわけない！」と、そう思っていました。

なぜ英語ができない私がマッキンゼーを経て英語教育で起業できたのか

Chapter 1

　そうです、**典型的な日本人英語教育を受けてきた私は、文法問題はわかりますが、リスニングになるとちんぷんかんぷん、スピーキングなんて想像もできなかった**のです。

> 英語との出合い

　私が、初めて英語に出合ったのは小学校のときです。大阪生まれの私は、幼稚園のころから野球を始めており、大の阪神タイガースファンでした。
　毎日のようにテレビで試合を観ていましたが、実は一番の楽しみは、試合のあとに行われるヒーローインタビューでした。
　ヒーローインタビューとは、その日一番活躍した選手がインタビューを受けるというものですが、私は、「憧れの野球選手の声が聞ける！」と、いつも楽しみにしていました。

　ただ、1つ問題がありました。外国人選手は英語で話すので、何を言っているのかまったく理解できないのです。もちろん、選手のすぐ横で通訳の人が訳してくれるのですが、球場の歓声にかき消されて、その声はほとんど聞こえません。
　そんなときはいつも父に、「今なんて言ってるん？」と聞いていました。

23

父がどんな訳をしていたかは覚えていません。もしかした
ら適当な訳を言っていたのかもしれません。しかし、当時の
私は、「お父さんは英語がわかるのか！　すごすぎる！」と
感動していたのを覚えています。

　私の父は、大阪で小さな専門商社を経営しており、日々仕
事で英語を使っています。当時の私には、「英語が話せるっ
てこんなカッコイイのか」と思わせる、スーパースターでし
た。

研究者からビジネスパーソンに方向転換

　なんとかセンター試験の英語もクリアして、無事、大学に
入学してからは、英語とは無縁の生活を送っていました。

　私が入学したのは、大阪大学工学部電子情報工学科という
ところです。

　ここで、プログラミングの勉強や数学、物理などの授業を
受けながら、こんなことを考えていました。
「まちがった世界にきてしまった……。授業が全然わからん
……」

　私は、入学して早々に、「明らかに自分がくるレベルの大
学ではない」と感じていたのです。授業で習う数学や物理な

なぜ英語ができない私がマッキンゼーを経て英語教育で起業できたのか

Chapter **1**

どのレベルが、高校とはまったく違うのです。今まで数学や物理が得意だと思ってきた自分がバカだったと、そこでようやく気づきました。

　理系の世界で研究者やエンジニアとして生きていくのはむずかしいなと、大学1年の終わりごろには感じていました。当時の私の頭の中を説明すると、次のような感じです。

「理系で生きていくのがむずかしいということは、ビジネスパーソンになる必要がある」

「このご時世にビジネスパーソンとして第一線で活躍するためには、英語が話せる必要があるに違いない」

「よし！　留学しよう」

　ウソのように思われるかもしれませんが、本当にこのような感じだったと思います。相当バカな感じがしますが、私は、やろうと思ったことを行動に移すことだけは得意でした。

意を決して、1年間のアメリカ留学

そこで私は、語学留学だけではおもしろくないと考え、交換留学を目指すことにしました。ただし、交換留学をするための大阪大学の当時の基準は、TOEFL iBT で 80 点です。

一度受けてみることにしましたが、結果は 40 点。これは無理だとすぐにあきらめました（笑）。

その代わり、何かほかの留学制度はないのか？　と探していたときにみつけたのが、「IBP プログラム」という 1 年間でインターンシップまでできるプログラムです。

ビジネスパーソンとして活躍するために留学をしたいと思っている自分にとっては、もってこいのプログラムでした。

そして、大学 2 年が終わったとき、私は大学の休学制度を利用して、いよいよアメリカのシアトルに 1 年間の留学をしたのです。

当時の私の英語力は、TOEIC でいうと 600 点でした。高くもないし、低くもないといった感じでしょうか。受験勉強はわりとしっかりやった、という大学生にありがちな点数だと思います。

26

アメリカの大学の授業で受けた衝撃

　さて、晴れて留学に行ったのはいいものの、アメリカの大学の授業初日に、衝撃を受けました。

　先生の言っていることが、まったくわからないのです。本当に**まったくわからない**のです。宿題が出ているのかどうかさえもわからない。そんな状態からのスタートでした。

「これはやばい。何とかせねば」と思った私は、**英語だけで生活をする**ことに決めました。ランチへ行くときは必ず1人で大学のカフェテリアへ行き、そこで1人で座っているアメリカ人をみつけたらとにかく話しかけて、一緒にランチをとる、ということを徹底しました。

　ホームステイしていた家に帰宅したら、ホストファミリーと一緒に過ごすことを徹底。宿題をするときも極力リビングで勉強して、わからないことがあればすぐに聞くことができる環境を作りました。

　日本人と話すときも英語です。相手が日本語で話しかけてきても、です。かなり面倒くさい人だったと思います。

　日本語を使う機会をとにかく徹底的に排除するために、家族との連絡も極力とらないようにしました。当時つき合っていた彼女とも、極力連絡を取るのをやめました。今思うと申

しわけないことをしたなと思うのですが、それぐらいしないと自分は英語が上達しない人間だと思っていたからです。

　今思えば、このときは、科学的なアプローチではないですが、圧倒的なインプットとアウトプットを確保したことにより、英語力はかなり向上したと思います。

　そのおかげもあってか、１年間の留学は、非常に有意義なものになりました。アメリカ人とも、１対１ならなんとか会話ができるようなところまでになりました。

　しかし、逆にこれが、自分の過信に繋がったことも事実ですが……。

なぜ英語ができない私がマッキンゼーを経て英語教育で起業できたのか

Chapter 1

マッキンゼーで感じた value ゼロの自分

> マッキンゼーに入社したものの……

　留学から帰って大阪大学に戻った私は、英語力が落ちないように海外ドラマを見たり、パブリック・スピーキングのスキルを鍛えるための団体「トーストマスターズ」に参加して、極力英語を使う機会を作るようにしていました。

　大学を卒業したあとは、マッキンゼー・アンド・カンパニーという外資系コンサルティング会社に就職。実は、ここからが地獄の始まりです。

　マッキンゼーという会社は、非常に厳しい会社です。クライアント企業から相当なフィー（fee）をいただいて仕事をするので、「新卒だからちょっとずつ仕事を覚えていこうね」という雰囲気はまったくありません。

　入社１カ月であろうが、１週間であろうが、クライアントの前に出たらマッキンゼーのコンサルタントです。仕事の量

は膨大。そしてすべての仕事で最高のクオリティを求められます。そこに一切の妥協はありません。当然、寝る間を惜しんで働くこともありました。

しかし、それが嫌だと思ったことは一度もありませんでした。マッキンゼーの一員として世の中に価値を生み出すために働いていると、長時間働くことも、最高のクオリティを常に求められることも、当たり前に思うのです。

むしろ入社まもない自分にそれだけ重要な仕事を任せてもらえているということに、常にワクワクしながら仕事をしていました。

唯一、つらいと思う瞬間は、自分が価値を生み出せていないと感じる瞬間でした。マッキンゼーでは、「価値（value）を生み出す」というマインドセットを骨の髄まで叩き込まれます。

私自身がミーティングをしている時間、分析をしている時間、移動している時間、すべての時間は、クライアント企業さまからのフィーで成り立っているのです。

自分の力以上に高いフィーをいただいている以上は、1分の時間も無駄にはできない、そう思って働いていました。

しかし、常に value を出すことにこだわっていても、どうしても value を出せない時間がありました。

それは英語で行われるミーティングでした。

一瞬で崩れ去った自信と期待

　入社時にも、もう少し英語をがんばるようにとフィードバックを受けていたのですが、それでも採用されたので、ほかの能力は高く評価されたのだと、持ち前の楽観性で高をくくっていました。

　しかし、その甘い期待は、入社後最初のプロジェクトで一瞬にして崩れ去りました。

　私はマッキンゼー日本支社に入社しましたので、お客さまは日系企業であることが多く、最初のプロジェクトも日系企業がクライアントでした。

　しかし、**日系企業がクライアントであっても、仕事が日本語で行われるわけではないのが、マッキンゼー**です。

　上司は往々にして海外から来たパートナーですし、クライアントがマッキンゼーに期待する価値の1つが、海外における最先端の知見です。

　私のような若手のコンサルタントが任される仕事の1つとして、エキスパートコールというものがあります。これは、海外の専門家に電話で最先端の知見をヒアリングし、その内容をもとに、クライアントにとって価値の高いものになるよう情報を整理するのです。

また、プレゼン資料を作成したら、クライアントに出す前に当然、社内で何度もミーティングを行い、資料をブラッシュアップします。

　このミーティングは、若手メンバーがパートナーにプレゼンし、その内容についてフィードバックを受けるという構図です。こういった社内ミーティングは多くの場合、英語で実施されるのです。

ふたたび「英語がまったくわからない」

　これらの時間は私にとっては試練でした。

　エキスパートコールや社内ミーティングで、英語がまったくわからないのです。留学で鍛えたはずの英語が、まったく歯が立たない。本当に泣きそうになりました。

　ミーティングに参加しているのに何も発言できない。議事録を書くように言われたときのミーティングは、本当に心が折れそうでした。

　そもそもミーティングでみなが何を言っているのかが全然わからないのに、議事録なんて書けっこないです。先輩にこっそり駆け寄り、今日の議事録お願いしていいでしょうか？と泣きついたこともありました。

　どうしても自分でやらなければいけないときは、すべて音

声を録音し、ミーティングが終わったら何度も聞き直して議事録を書く、ということをしていました。とてもマッキンゼーのコンサルタントとは思えないことをしていたわけです。

マッキンゼーという会社は、能力がない人間が残れるほど甘い場所ではありません。このままではマッキンゼーで仕事をしていくのがむずかしくなる、どうにかしなくてはいけない、という焦りがありました。

もちろん、コンサルタントとしての仕事には全力で取り組んでいましたので、あとで日本語で振り返ると、決して議論についていけないわけではありませんでした。
　むしろ、**もし英語で発言できていたら、もっと付加価値を出せたのに**と悔しく思いました。
　ただ、どんなに分析がよく、問題解決で付加価値を出せたとしても、英語のフィルターをかけた瞬間、極論すれば、すべてがゼロとなってしまう。そんな世界を日々さまよっていました。

英会話レッスンの幻想

すがるように始めた英会話レッスン

　入社1年を過ぎた頃には、コンサルタントとしての仕事自体にはかなり慣れていました。1年前入社した当時の自分と比較すると、驚くほどの成長を遂げているという実感もありました。

　しかし、「これではいけない。英語力を上げなければ、今後マッキンゼーで生き残っていくこともむずかしくなるだろう」という思いに変わりはありません。

　また一方で、せっかくマッキンゼーに入社したのだから、国の制約にとらわれることなく、世界を股にかけてグローバルで活躍したい、そう思うようになっていました。

　そこで、仕事の合間を縫って、英会話レッスンを受けることにしました。英語力は急に上がるものではない。ただし、遠回りをしている時間もない。そう思い、実際のビジネスに

Chapter 1

関するトピックに絞って英会話のレッスンを受けることにしたのです。週に一度、1時間程度のネイティブの先生とのレッスンです。

　何かにすがるようにレッスンを受けていました。これで、英語力も上がる。私はそう信じていました。

　結果はどうなったか？
　私の感覚ではほとんど変わりませんでした。勉強しているという安心感はありましたが、実際には、英語力が伸びた感覚は悲しいぐらいになかったのです。

なぜ英会話レッスンで、英語力が上がらないのか

　今なら、なぜ英語力が上がらなかったのかわかります。
　それは、**自習をしていなかった**からです。
　週に一度、1時間程度レッスンを受けるくらいで英語力が上がるほど、英語は甘くないのです。それは「英語を勉強しているという安心感」を買っているだけ。
　本気で英語力を上げるためには、

「成果を出すための努力を、成果につながるまで続ける」

以外ありません。私は、そんな当たり前のことから逃げていました。

　当時はその当たり前の事実に気づけていませんでした。というよりも、無意識に現実を直視しないようにしていたのかもしれません。ネイティブの先生と週1でレッスンをしているのだから、英語力は上がっていくだろうと、今思うと奇跡のようなことを思っていたのです。

　ふだん、仕事のコンサルティングプロジェクトで、「合理的な戦略を、成果が出るまでやり抜きましょう」と偉そうに言っておきながら、自分のキャリアに致命的に影響のある英語学習については、現実を見ないで、科学的なアプローチもとらず、ただ漫然と「やっているつもり」になっていたのです。なんと恥ずかしいことか。

英語が伸びるカギは「自習」にある

　それに、当時は、朝9時に出社して、夜は終電近くまで働いていることが多かったのも事実です。これだけ忙しい自分が自習をする時間などない、週に一度1時間のレッスンを受けているだけでも自分は偉いと思っていました。

　みなさんの中にも、当時の私と同じように週1のレッスンで英語力が上がればいいな、と思っている方もいらっしゃる

なぜ英語ができない私がマッキンゼーを経て英語教育で起業できたのか

Chapter 1

かもしれません。

断言します。無理です。

英語はそんなに甘くありません。

当時の私はラッキーでした。半年ほど英会話レッスンを受けたあとに、ある事実に気づけたからです。それは、

「**他力本願では何も変わらない。自分で一定の正しい努力をしなければ、英語力が上がることはない**」

ということです。この事実に気づいてから、大きく道が開けました。英会話レッスンをやめたわけではありません。**英会話レッスンをしながらも、それ以外に自習の時間をしっかり作る**ようにしたのです。

効果的な学習法を模索する日々

ただ、当時はどんな勉強法をすれば自分の英語力が上がるのかは、わかっていませんでした。

単語暗記、例文暗記、シャドーイング、ディクテーション、音読、カランメソッド（スピーキングに比重を置いたイギリスの学習法）、オンライン英会話などあらゆる勉強法がある

37

中で試行錯誤しながら学習をしていました。

　帰国子女でないにもかかわらず英語ができる先輩に、どのように勉強するのが効率的なのかを聞いて、それを実践してみたりもしました。

　今から考えると、相当無駄な勉強をしていたと思います。正確には、すべての勉強は無駄ではなかったですが、もっと効率的に勉強することはできたと思います。

　一番の問題は、ある本を買ってきて自習を始めても、「本当にこの学習方法でいいのだろうか？」「もっと効率的な方法はないのか？」と常に考えてしまうことでした。

　そうすると勉強法の王道である「1つの本をやりきる」ということができなくなり、本棚にどんどん本が溜まっていくのです。

　書店に行って新しい本を買い、そのときはテンションが上がるのですが、次の月にはまた書店に行っては似たような本を買ってくるのです。

　英語学習に少しでもトライしたことがある方なら、少なからず同じような経験があるのではないでしょうか？

忙しいあなたが「時間の壁」を打ち破るには

　もう1つ私が直面した大きな課題は、**いかにして勉強時間を確保するか**でした。当時の私は、朝から終電近くまで働いていました。また、クライアントのために自分が提供できる価値を最大化するためには、それは当然のことであるとも思っていました。

　しかし、周りの先輩の仕事振りを見てみると、私より働いている時間は短いのに、圧倒的に高いパフォーマンスを発揮している人がゴロゴロいる。いったい何が違うのか。

　仕事のパフォーマンスは、下記の式で表現できます。

仕事のパフォーマンス＝生産性×労働時間

　当時の私は、生産性も高いし、労働時間も限界ギリギリまで高めている、そう思っていました。しかしよく考えると、**まだまだ生産性は高められる。**そんな当たり前のことに気づいたのです。

　また、**人間には、集中力を保つことができる限界があります。**東京大学大学院薬学系研究科の池谷裕二教授の研究で、

英単語を学習する中学生を対象にした実験では、勉強を開始して40分以降に、集中力に関与している前頭葉のガンマ波が急激に低下することが観測されています。

これは1つの研究結果であって、年齢やそのときどきの状況で、どの程度集中力が持続するか一概には言えませんが、労働時間があまりにも長いと集中力が落ち、生産性は下がります。

パフォーマンスを上げるために労働時間を長くしているのに、そのせいで逆にパフォーマンスが下がることになり、本末転倒になってしまいます。では、どうすれば、生産性を上げられるのか。

仕事の生産性を高めるためにすべきこと

私は、生産性をさらに高めるべく、仕事の仕方を見直しました。生産性を高めるためにすべきことは、基本的に2つしかありません。

①価値の低い仕事をしない
②価値の高い仕事をできるだけ速くする

それからは、あまり価値がないなと思う仕事を上司からお

願いされても、「これは優先度が高くないのでやる必要はないと思います」と言うようにしました。

　若干、傲慢な若手社員のように聞こえるかもしれませんが、マッキンゼーではそういう姿勢は称賛してもらえました。マッキンゼーは非常に合理的な会社ですので、「お前やる気がないのか？」などと言われることはありません。

　こういう姿勢を徹底してからは、すべての仕事を受け入れていたときよりも、評価は上がったように思います。

仕事のスピードは、もっと速められる！

　２つ目の「価値の高い仕事をできるだけ速くする」ということにもこだわりました。マッキンゼーの若手はエクセルとパワーポイントを使って作業をしている時間が多いので、この２つをさらに効率的に使える方法はないのかと貪欲に考え、徹底的に仕事のスピードを速めました。

　具体的には、徹底的にショートカットキーを覚えて、さらにクイックアクセスツールバーというショートカットキーを自分で作ることができる機能を最大限活用するようにしました。

　「価値の低い仕事をしない」「価値の高い仕事をできるだけ速くする」、**この２つにこだわることによって、それまで深**

夜まで仕事をしていた私は、19時ぐらいには仕事を終えることができるようになりました。

　自分は忙しいから仕事終わりに英語を勉強するなんてムリだと思っていた自分を振り返ると、恥ずかしくなります。

　私は、英会話レッスンに頼るのをやめ、自分で試行錯誤しながら英語学習を続けました。

　そうすると徐々に英語力は上がっていきました。半年もすると、仕事で英語を使ううえでそこまで困ることはなくなりました。そのうえ、会社の語学研修プログラムにも参加させてもらうことができ、英語で仕事をすることに対する自信もどんどんついていきました。

Chapter 1

なぜ英語教育分野で起業したのか？

> 英語で苦しんだからこそわかった最短ルート

　2年3カ月マッキンゼーで勤務したあと、私は株式会社GRITを創業しました。プログリットという英語コーチングプログラムを提供する会社です。ビジネスパーソンを対象に、3カ月という期間で確実に英語力を向上させていただくプログラムです。

　マッキンゼー時代の私を知っている友人には、
「あの岡田が英語教育分野で起業するの？」
「マッキンゼーの同期で、岡田が一番英語できなかったよね？」
と言われました（笑）。

　まさにその通りなのですが、**だからこそ、私が英語教育分野で起業する意義があると思った**のです。

　私自身も英語に相当苦労しましたが、多くのクライアントさまと仕事をさせていただく中で、一流といわれる日本企業

の中には英語で苦しんでいる方がたくさんいることも知っていました。仕事はずば抜けてできるのに、英語ができないという理由だけで活躍の幅が狭くなっている人、英語が理解できなかったために仕事で失敗してしまった人。

　また、個人にとどまらず、企業の競争力という観点からも、グローバル化が遅れている現状を目の当たりにしてきました。

　私のように英語ができないことが理由でパフォーマンスを発揮できていない人や、社員の多くが英語が話せないために、グローバルでの競争力が落ちている日本企業をなんとかしたいと思ったのです。

日本企業が世界で負ける理由

　強かった日本企業が、なぜ世界で負けているのか？

　その大きな理由の１つとして英語があります。

「英語は所詮言語である。中身が大事」という意見を聞くことも少なくありません。たしかに、話す言語よりも中身が大事というのは正しいと思います。しかし、英語が話せなければ、中身がどれだけすばらしくても、そもそも伝えることができません。それではすべてが台無しになってしまいます。

英語が話せないというのは、誰がなんと言おうと、あまりにも大きなディスアドバンテージなのです。

Chapter **1**

　以前は、日本ですばらしい製品を作って輸出すれば、ビジネスが成立しました。しかし、今はそういう時代ではありません。**「Made in Japan」で売れる時代は終わってしまった**のです。

　今は、**多様な人間が協力しあい、世界で通用するサービスを作らなければ、海外の企業に太刀打ちできない世界になっています。**そのような状況の中、英語ができないというのはあまりにも大きな問題です。

世界と差がつく日本人の英語力

　企業にとって、社員が英語ができないと何が問題なのか？それは、**海外の優秀な人材を採用できない**ということです。

　企業の最も重要な資源が人材であるということは、多くの方に同意していただけるのではないでしょうか。

　人材のほとんどが英語を話せないという企業は、海外の人材を集めることはむずかしいでしょう。海外にどれだけ優秀な人材が存在しても、日本から採用するしかなくなるのです。

　彼らの立場に立てば当然です。もしあなたが転職活動中だとしたら、社員の多くがドイツ語しか話さないドイツ企業に入りたいと思うでしょうか？

　社員のほとんどが日本語しか話せないという日本企業は、

海外の人材からすると入社するハードルがあまりにも高いのです。これでは、英語が話せない人材しかいない企業は、日本という小さな人材市場からのみ採用するしかない一方で、社員のみなが英語を話す企業は、世界中から優秀な人材を集めることができ、ますます差がついていくことになります。

　実際、下と次ページの図に見るとおり、日本人の英語力は長年向上しておらず、世界との差は開くばかりです。2017年のTOEICの国別平均スコアも、総受験者数が500名以上の国、47カ国中39位と惨憺たる状況です。

◆日本人のTOEIC平均スコアの推移（2004年〜2017年）

	Total	リスニング	リーディング
2004	566	312	254
2005	562	308	254
2006	570	311	259
2007	579	315	264
2008	580	315	265
2009	581	316	265
2010	574	315	259
2011	574	316	258
2012	574	315	259
2013	580	318	263
2014	582	320	262
2015	585	321	264
2016	579	317	262
2017	582	320	261

（IIBC「TOEIC®Program DATA & ANALYSIS」2008〜2018より作成）

なぜ英語ができない私がマッキンゼーを経て英語教育で起業できたのか

Chapter **1**

◆ TOEICの国別平均スコア（2017年）

国名	リスニング 平均	(SD)*	リーディング 平均	(SD)*	合計 平均	(SD)*
カナダ	444	(64)	402	(78)	845	(136)
ドイツ	429	(79)	371	(100)	800	(173)
ベルギー	402	(82)	370	(90)	772	(166)
レバノン	410	(87)	359	(103)	769	(184)
イタリア	386	(73)	368	(76)	754	(141)
チェコ共和国	395	(98)	347	(112)	743	(204)
フィリピン	393	(76)	334	(94)	727	(162)
フランス	378	(90)	344	(96)	722	(180)
モロッコ	387	(84)	333	(94)	720	(172)
ヨルダン	395	(87)	322	(103)	717	(183)
ロシア	380	(98)	336	(107)	716	(197)
ポルトガル	378	(103)	333	(112)	712	(209)
スペイン	359	(98)	342	(99)	701	(190)
コスタリカ	370	(91)	329	(98)	699	(182)
マダガスカル	365	(91)	327	(92)	692	(177)
チリ	365	(115)	322	(114)	687	(223)
韓国	369	(83)	307	(100)	676	(175)
チュニジア	362	(100)	313	(104)	675	(198)
アルゼンチン	352	(115)	322	(116)	674	(226)
アルジェリア	351	(98)	304	(101)	654	(192)
ウクライナ	354	(92)	292	(104)	646	(190)
マレーシア	358	(90)	284	(108)	642	(190)
ギリシャ	355	(73)	286	(75)	641	(138)
トルコ	351	(93)	285	(106)	636	(191)
ブラジル	333	(110)	299	(114)	632	(218)
レユニオン	331	(102)	296	(105)	627	(200)
コートジボワール	319	(98)	292	(99)	612	(189)
ペルー	319	(113)	289	(110)	608	(217)
カメルーン	323	(102)	281	(98)	603	(191)
中華人民共和国	309	(97)	291	(101)	600	(188)
コロンビア	317	(112)	282	(113)	599	(218)
セネガル	318	(104)	277	(101)	594	(199)
メキシコ	319	(119)	275	(120)	594	(233)
ガボン	316	(93)	272	(94)	588	(180)
ポーランド	314	(114)	244	(121)	558	(228)
グアドループ	298	(111)	252	(110)	550	(216)
台湾	300	(97)	244	(102)	544	(191)
香港	299	(103)	228	(113)	527	(208)
日本	287	(91)	230	(97)	517	(180)
エルサルバドル	273	(118)	239	(120)	512	(233)
ベトナム	265	(89)	232	(95)	496	(176)
インド	267	(125)	221	(123)	488	(243)
モンゴル	287	(102)	199	(98)	486	(188)
タイ	278	(102)	204	(96)	482	(191)
マカオ	273	(92)	193	(96)	466	(181)
アルバニア	249	(117)	203	(112)	452	(225)
インドネシア	253	(97)	193	(96)	447	(185)

（「IIBC 2017 Report on Test Takers Worldwide」より作成。SD＝標準偏差）

私の感覚では、この問題を日本人は軽視しているわけではないと思います。楽天や資生堂が英語公用語化を実施したり、個人レベルで見ると、多くの方が英語学習に取り組んでいます。

　しかし、楽天などの一部の成功例を除いて、英語力向上を組織的に成功させた例はあまりにも少ないように思います。

　多くの企業の経営者や人事部は、英語力向上という課題に向き合いながらも、なかなか最適解がわからないでいる、そのような状況ではないでしょうか？

　それを解決したい、少しでも多くの英語という壁にぶつかっている人・企業の助けになりたい。その思いからの起業でした。起業したときに共同創業者の山碕と決めたことが1つあります。

「日本一英語力が伸びる英語サービスを創ろう」

　そう心に誓って会社を作りました。

実は恵まれている日本の英語学習環境

　日本の現状を客観的に分析すると、英語学習環境という点で、日本人は本当に恵まれています。

Chapter 1

　日本各地に英会話スクールはありますし、書店には大量の英語学習本が売られています。英語学習本のクオリティも、毎年どんどんよくなっています。そして最近では、オンライン英会話も一般的になり、格安で英会話レッスンが受けられるようにもなりました。
　しかし、それによって日本人の英語力はどうなったのか？
　前述のように、残念ながら日本人の英語力は全然上がっていないのです。**英語学習の手段という観点ではすでにあふれるほど、さまざまなアプローチが存在しているのに、なぜ英語力が向上しないのか？**
　それを説明するには、プロローグで紹介した数式から考えることができます。

$$英語力の伸び = 学習生産性 \times 投下時間$$

　英語力を伸ばすためには、学習生産性を上げるか、投下時間を増やすかのどちらかしかありません。
　まず、学習生産性から考えると、日本には**あまりにも多くの手段が存在するからこそ、個々人が自分に合った学習法を選ぶことができない**のです。

自分に合った英語学習法でなければ効率が悪い

英語学習にはいろんなメソッドがありますが、どれも一長一短です。Aさんには効果的な学習法も、Bさんには効果的とはかぎりません。

書店に行って直感で選んだ教材も、ネットで検索して誰かのブログで紹介されていた学習法も、**あなたにとって最適かどうかはわからない**のです。

投下時間も上記と関連しています。多くの人は、書店で買った本に、少しはがんばって取り組んでみると思います。ただ、1週間ぐらい続けると、私がそうだったように、「本当にこの学習法でいいのだろうか？」「もっとよい方法がほかにあるんじゃないか？」と疑心暗鬼になってきて、また書店に行き、新しい本を買うのです。そうすると当然、**1冊の学習に対する投下時間は、どんどん短くなっていきます。**

また、英会話スクールに週に1〜2回通って英語力を上げるのは至難の業です。英会話スクール自体はまったく否定されるべきものではありません。使い方によっては非常に有益なサービスだと思います。ただし、週に1〜2回のレッスン**だけ**では投下時間があまりにも少ないのです。

なぜ英語ができない私がマッキンゼーを経て英語教育で起業できたのか

Chapter 1

最先端の言語学の知見と科学的根拠に基づいた勉強法

　英語力を上げるためには、**学習生産性が高い方法（あなたにとって最も効果的な方法）で、時間をかけて学習すること**です。これしかありません。

　では、いかに、学習生産性を上げればいいか。一定の時間の学習でより効果が上がる方法、環境、その他どのような要素が学習生産性に影響を与えるのか。

　また、投下時間を増やすにはどうすればいいのか。それは、単に時間を作る、ということではありません。いかに、**一定期間、継続して学習できるか**、ということです。

　日本一英語力が伸びる英語サービスを目指してスタートしたプログリットでは、この２点を徹底的に研究しています。「英語を習得する方法」というのは、すでに非常に研究されてきている分野です。にもかかわらずあまり好ましい結果が出せていないのは何が問題なのか。何度も英語学習にチャレンジするものの、時間を継続的に作りだせずに挫折してしまうのは、何が問題なのか。

　本書は、**最先端の言語学の知見をベースに、科学的根拠に基づいたエビデンスベースの方法論にこだわり、学習生産性を上げるにはどうすればいいのか、学習を継続させ、しかも**

短期間で確実に英語力をアップさせるにはどうすればいいのか、その方法を紹介しています。

　人間は、継続するのが苦手な動物です。しかし、継続を阻害する要因を特定し、前もって対処すれば、継続できる可能性を、きわめて高くすることができるということが、私たちの研究でわかってきました。

　実際にプログリットのプログラムに参加している方々は、多忙な日々を送りながらも毎日２〜３時間という学習時間を確保しつづけています。みな、超多忙なビジネスパーソンです。

　本書では、超多忙なあなたでも、１日２〜３時間の勉強時間を作りだせるよう、仕事術や時間術についても紹介しています。

　ぜひ、本気で英語に取り組み、英語力を飛躍的にアップさせてください。

間違いだらけの
英語学習

Chapter 2

英語
2.0
学習

英語学習の羅針盤
「英会話の5ステップ」

英会話の5ステップ

　Chapter 1 で、英語力を上げるためには、自分に最も合った学習法でなければ効率が悪いことを説明しました。英語を習得した人にアドバイスを求めると、「洋画を字幕で観るのがいいよ！」「シャドーイングがオススメ！」などと、それぞれ違う答えが返ってきます。これでは結局、どの方法が1番よいかわからなくなってしまいます。そこで私は、

「英語学習というものを科学することはできないのか？」
「単なる経験則ではなく、多くの人に適用できる根源的な理論はないのか？」

について研究しました。書籍や論文を読み漁り、昼夜を問わず考えつづけて、1つの答えにたどりつきました。
　それが、「英会話の5ステップ」です。

間違いだらけの英語学習

Chapter 2

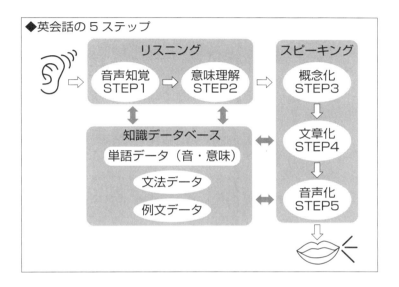

◆英会話の5ステップ

　英会話のプロセスは、5つのステップに分けることができます。このステップごとに整理して考えれば、万人に適用できるスキームが確立できます。世の中に存在するほぼすべての学習法を論理的に整理し、説明することができますので、巷にあふれる単なる経験則から生み出された学習法に惑わされることなく、英語を習得することができるのです。

　これは、英会話しているときのプロセスを、脳の働きによって5つに分解したものです。

　具体的には、Chapter 3、Chapter 4で説明しますが、大

きく分類すると、英会話はまず「リスニング」と「スピーキング」に分けられます。さらにリスニングは、「音声知覚」と「意味理解」の2つに、スピーキングは「概念化」「文章化」「音声化」の3つに分けることができます。

　図の「知識データベース」は、脳に蓄積されている英語に関する知識です。つねにこの英会話の5ステップをベースに考えることができれば、英語学習に迷うことはなくなります。

「羅針盤」があれば、もう迷わない

　羅針盤のない航海は不可能であるのと同様、英語学習でも誰かに言われるたびに舵を切り、方向転換していたのでは、目的地にたどりつくことなど到底できません。

　英語学習は孤独な旅です。「本当にこれで正しいのか？」「いつになったら目的地にたどりつくのか？」。そんな不安を抱えながら進んでいくしかありませんでしたが、それを解消するのが「英会話の5ステップ」です。同じリスニングのトレーニングでも、音声知覚のトレーニングと意味理解のトレーニングはまったく異なります。個人の経験則によるアドバイスで学習を始めるのではなく、この羅針盤をしっかり頭に入れ、自分に最も合った学習法を見つけることが、英語学習の生産性を上げるためには最も重要です。

間違いだらけの英語学習

Chapter 2

英会話レッスンは練習試合

「目的思考」が学習効果を最大化する

Chapter 2では、英語学習に取り組む多くの方が誤解しているあるまちがいについて、まずご紹介します。

英語学習において大事なことは、**自分が取り組んでいる学習の目的を明確にしている**ことです。

本書ではこれを、「**目的思考**」と呼びます。目的思考ができていると、英語学習はきわめて効果的になります。

英語学習にかぎったことではありませんが、**目的が明確でないトレーニングほど、効果が薄いことはありません。**

筋トレをしている方はよくご存じだと思いますが、筋トレは、鍛えている部位を意識してトレーニングするのと、何も考えず見よう見まねでトレーニングするのとでは、効果には雲泥の差があります。この考え方は、最近、少しずつ一般的になってきたように思います。

しかし、それが英語学習になると、この考え方がまったく浸透していないことに驚きます。その最たるものが、英会話レッスンだと思います。英会話の力を伸ばしたい人に最も人気の学習方法です。

英会話レッスンの真の目的

では、英会話レッスンはなぜしているのでしょうか？

なぜ英会話レッスンをすると英会話がうまくなるのでしょうか？

これらの質問に答えられないまま英会話レッスンを受けている人は、何も考えずに見よう見まねで筋トレをしている人と変わりません。

目的を意識してトレーニングしている人の成長スピードとの差は、比較にならないほど大きいと思います。

英会話レッスンには、実はいろいろな目的があるのですが、その一番大きな目的は、「練習試合としての英会話レッスン」だと思います。

野球にたとえて考えてみましょう。野球がうまくなりたい人は何をするでしょうか？

そうです。練習です。筋力をつけるために筋トレをして、体力をつけるためにランニングをし、守備がうまくなるため

間違いだらけの英語学習

Chapter *2*

にノックを受け、バッティングがうまくなるためにバッティング練習や素振りをします。

毎日毎日こうした練習をくり返します。しかし、これだけで公式戦に出ることはしません。公式戦で最大限パフォーマンスを発揮するために、練習試合をするのです。

練習試合では、練習の成果を精一杯出して、自分たちがどの程度成長したか？　まだ足りない練習は何なのか？　を考える材料にします。そしてまた練習をするのです。

高校野球をイメージすると、毎日練習をして、週末に練習試合といった感じでしょうか？

高校球児がこれを意識しているかいないかは別として、このサイクルでPDCAを回しているのです。

つまり、どんな練習をすべきか考えて（Plan＝計画）、毎日練習をして（Do＝実行）、週末に練習試合を行い（Check＝評価）、何が弱点なのか、どこをもっと強化したほうがいいのか（Action＝改善）を考えているわけです。

大人の英語学習の最も大きな問題点とは

英会話に戻って考えてみましょう。

英会話の力をつけたいならば、当然練習が必要です。基礎力が足りない場合は単語を覚える必要がありますし、最低限

の文法も学ぶ必要があります。それだけではなく、リスニングを鍛えるためにシャドーイングをしたり、英語を話すためのトレーニングも必要でしょう。

　こういったトレーニングをしたうえで、練習試合である英会話レッスンをするのです。そうすると、自分がどの程度成長したのか、まだ足りないトレーニングは何なのかが明確になります。

　これが、英会話が上達するステップです。

　それにもかかわらず多くの方が行っている英語学習は、週に１回英会話レッスンを受講することだけなのです。

　これでは、英会話の力が上がるはずはありません。そして、過去の私のように、週１で英会話にずっと通っているのに英語力が上がらないと嘆いているのです。

　いわば、野球がうまくなりたい人が、週末に１回練習試合をして、「なんで週１で練習試合をしているのにうまくならないんだ！」と嘆いているようなものです。野球でたとえると非常に滑稽ですが、英語学習になるとこれがまかり通っています。

　大人の英語学習における最も大きな問題点は、自習というトレーニングをせず、英会話レッスンという練習試合のみで英語がうまくなるという幻想に気づかないことです。

間違いだらけの英語学習

Chapter 2

英会話レッスンは、一定の自習量が伴って初めて効果を発揮するものです。今、英会話レッスンを受講している人は、ぜひ**「自習を伴った英会話レッスン」という考え方にシフト**してください。これは何も私の個人的な意見を述べているのではありません。

最新の「第二言語習得論」からわかること

「第二言語をどのようにすれば効果的に習得できるのか」という問いを追究する「第二言語習得論」という研究分野があります。多くの研究成果の中で、1つの非常に有名な研究結果があります。

これは、「インプットとアウトプットをどのような割合にして第二言語習得のための学習を組み立てるとよいか」という問いなのですが、結論としては、下記といわれています。

大量のインプットと少量のアウトプット

これを見ると違和感を覚える方も多いと思いますが、誰がなんと言おうと**現在の最先端の研究結果としてはこれが一番**

信用に足るものです。

　なお、ここでいう「インプット」とは、「単語を覚える」「文法を学ぶ」「英語を聴き流す」などのトレーニングだけを指しているのではなく、シャドーイングや音読などのトレーニングも、インプットと定義されています。

「アウトプット」とは、いわゆる英会話や、日記を書くなど自分で思考して英語をアウトプットする作業のことです。

　会話にフォーカスして考えると、「アウトプット＝英会話」「インプット＝英会話以外」という分類です。

　子どもの言語習得は別のプロセスがありますが、大人が英語を習得したいのであれば、インプットとアウトプットに割く時間の割合を８：２程度にすると、効率は大きく改善されると思います。

オンライン英会話の正しい利用法

　少し話はそれますが、最近ではオンライン英会話が広く普及しており、非常に安価で英会話レッスンが受けられるようになりました。それゆえに多くの方がオンライン英会話を利用していますし、その問題点について耳にすることも多くなりました。

　私が一番多く耳にするのは、「オンライン英会話はフィリ

間違いだらけの英語学習

Chapter 2

ピン人の先生が多く、発音がネイティブではないので意味がないのではないですか？」という意見です。

この意見は、**きわめて目的思考に欠けた意見**であるといつも思います。このようなことを言う人は、往々にして、なぜオンライン英会話をしているかを明確にできていないのです。

オンライン英会話をする主目的は、リスニング力の向上ではありません。練習試合です。

さらに言うと、相手が言った質問に対して、「瞬時に答えを考えてアウトプットする」という一連のプロセスを疑似体験しているのです。

オンライン英会話の目的をリスニングの練習と定義すると、先生の発音はきわめて重要な要素になってきますが、それを練習試合であるとすると、先生の発音の善し悪しは問題にはなりません。

こちらが理解できる程度の発音ができれば、先生の発音レベルは問題になりません（実際には、フィリピン人の先生の多くは非常に発音のレベルも高いですが）。

英会話レッスンは、使い方によってはほかの目的を持ったトレーニングにすることも可能ですが、**一番の大きな目的は練習試合（実際にアウトプットしてみる場）です。**

「The New York Times」や
「The Economist」を読むな

英文を読む最大の目的は、「英語脳」を作ること

　ビジネスパーソンで英語を勉強している人の中には、「The New York Times」や「The Economist」といった、海外の新聞や雑誌をウェブで読んでいる方も多いと思います。

　英語のニュースを読むというのは、ビジネスパーソンにとって非常によい練習のようにも思えますが、案外そうでもないのです。これも「目的思考ができているのか」ということがポイントです。英語の文章を読むことの一番大きな目的は、「英語脳」を作ることです。

　本書では、「英語脳」とは、「英語を左から右に順番に理解していく」ということを意味しています。

　中学校や高校でやったような、後ろから訳出していく英文和訳的な理解ではなく、実際に話されている順番で、ふつうに左から右に英語を理解していく方法です。

　英語脳ができていないと、英語の文章を読むスピードは相

64

当遅くなりますし、通常のスピードで話される英語をリスニングして理解することはきわめてむずかしいです。

「英語脳」を作るのに、最も効果があるもの

英語脳を作る目的で英語の文章を読むトレーニングが、「多読」です。多読トレーニングの効果を高めるために重要なポイントは、2つあります。

①辞書を使わない
②後ろから訳さない

この理由を説明する前に、まずリスニングとリーディングの関係について説明します。

リスニングとリーディングは、脳の中では非常に似た処理をしています。

リスニングは、耳から音声情報を受け取り、単語の羅列を認識します（**音声知覚**）。その後、文章全体の意味を理解します（**意味理解**）。

リーディングは、目から文字情報を受け取り、単語の羅列を認識します（**文字知覚**）。その後、文章全体の意味を理解します（**意味理解**）。

リスニング：音声知覚→意味理解
　　　リーディング：文字知覚→意味理解

　どうでしょうか？　非常に似ていますよね。受け取る情報
が音声なのか文字なのかという違いはありますが、その後の
意味理解は同じです。

　つまり、英語脳を作るというのは、「意味理解の力を高める」
ということです。さらに言うと、「意味理解の精度とスピー
ドを高める」ということです。したがって、多読をして意味
理解の力を鍛えると、リーディングだけではなく、リスニン
グ力の向上にもつながるのです。ただし、先述した２つのポ
イントをしっかり守ることが条件です。

　多読トレーニングの効果を高める２つのポイント

　それでは、多読のポイントに戻りましょう。
　まず、「辞書を使わない」というのは、非常に大事です。
リスニングをしているときにわからない単語が出てきても、
当然、辞書で単語を調べるなんてできないですよね？
　わからない単語が出てきた場合、それがどんな意味か想像
する必要があるのです。

66

間違いだらけの英語学習

Chapter 2

　多読をするときにも、意図的にリスニングと同じように辞書を調べないという制約をつけることで、リスニング時と同様の状況を作りだすことができ、**わからない単語も文脈から推測する力がつく**のです。

　2つ目の「後ろから訳さない」というのは、つまり、「左から右に英語の順番で読む」ということです。これもリスニングと同じ状況を作りだすことが目的です。

　リスニングをしているときは、わからないからといって、もう一度戻って聞くことはできません。次から次へと英語を理解していかなければなりません。多読をするときは、この状況も意図的に作るようにするのです。

　この2つのポイントを守ると、多読というリーディングのトレーニングをしているように見えるのですが、実は意味理解の力が強化され、リスニング力の向上につながります。

「The New York Times」「The Economist」幻想

　この話をすると、
「わからない単語がいっぱいあったらどうしたらいいんですか？」
「わからない文章があったときに戻って読み返さなければ、全体の意味がわからずおもしろくない」

と言われてしまいそうです。そうです。まさにその通りなのです。**だから、「The New York Times」や「The Economist」は読んではいけないのです。**

　上級者の方は別ですが、そうではない方にとって、**これらのニュースは単語レベルも文章の構造もむずかしく、理解に時間がかかることが珍しくありません。**単語を調べないとまったく意味がわからないという状況に陥る可能性が非常に高いのです。そうすると、**意味理解の力を高めるためにやっている多読のトレーニングが、ただの単語の暗記のためのトレーニングになってしまいます。**

　多読トレーニングを通して意味理解の力を高めるためのポイントは、「わからない単語がほぼ存在しない題材を選ぶ」ことです。そうすれば当然、辞書を使う必要はありませんし、後ろから訳さなくても理解できる可能性は高いです。

　ビジネスパーソンが、「The New York Times」を読みたくなる気持ちはよくわかります。しかし、英語力を効果的に上げるという観点では、そういった難解な文章を読むのではなく、きわめてかんたんな文章を大量に読んだほうが効果的です。

多読トレーニングにオススメの本とは

　私がオススメするのは、IBCパブリッシングが出版してい

間違いだらけの英語学習

Chapter 2

る「ラダーシリーズ」と呼ばれる多読専用の本です。

　非常にかんたんな単語で書かれており、多読にはもってこいです。使用されている単語レベルによって分類されていて、レベル1からレベル5まであります。

　レベル1はTOEIC300〜400点以上、英検4級で、レベル5ならTOEICの700点以上となっています。TOEICや英検を受けたことのある人なら、ご自身のレベルに合ったものを選ぶことができます。

　内容もバラエティに富んでおり、たとえば芥川龍之介や太宰治、宮沢賢治などの日本文学もあれば、シェークスピアや『オリエント急行殺人事件』『ローマの休日』などの西洋文学、『ザッカーバーグ・ストーリー』といったノンフィクションなどもありますので、興味の湧く分野や、読もうと思いながら読んでいなかった名作にあたってもいいと思います。

　ビジネスパーソンにとっては「The New York Times」よりエキサイティング度合いは減ってしまいますが、**英語力向上という観点で考えると確実に効果は高い**です。

　もちろん、単語の知識が豊富で、「The New York Times」などもほとんど辞書なしでスラスラ読めるレベルであれば、そちらを読むことをオススメします。自分が興味のある分野の教材を使うことでモチベーションアップにつながり、集中力を高め、学習生産性を高める重要な要素になります。

69

上級者以外は映画を観ても
英語はうまくならない

第二言語習得論で考える、英語学習に効果的なもの

　今度は「映画や海外ドラマを観る」という学習法について
お話しします。英語ができる人に、「どうやって英語を勉強
したの？」と聞くと、高い確率で「海外の映画を何度も観た！
それが一番オススメ！」と言われます。たしかにウソではな
いと思うのですが、**すべての人に当てはまる最高の学習法と
いうわけでもありません。**

　第二言語習得論では、多くの研究者があらゆるモデルを提
唱していますが、「**大量のインプットが英語習得には効果的
である**」ということに異論をはさむ人はほとんどいないと思
います。

　ポイントは、「どんなインプットが英語学習には最適なの
か？」です。絶対の解は存在しませんが、ある研究者は、自
分の能力で理解可能なものよりも少しむずかしいレベル
（i＋1 と表現）が一番よいという研究結果を出しています。

間違いだらけの英語学習

Chapter 2

 その一方で、別の研究者は、iやi−1がよいと言っています。要するに、「自分が理解できるギリギリのレベル」か、「それより少しだけ簡単」なものがよいということです。

 第二言語習得論で、どういったインプットがベストかという結論は出ていませんが、少なくとも理解できるレベルというのは多くの研究者が共通して持っている結論だと思います。言い方を換えると、i + 10（まったく理解できないレベル）だと、インプットの意味はほとんどないということです。

理解できない映画を観ても、なんの学習効果もない

 これが、映画を観ても多くの人にとって英語学習効果は薄い理由です。映画も作品によってレベルの違いはありますが、少なくとも英語学習用に作られているわけではありませんので、多くの日本人にとってはi + 10のインプットになってしまうのです。私の感覚的にはTOEIC800点に満たない人が映画を観て学習するのは、かなり非効率な学習法だと言わざるを得ません。

 その場合は、あまりおもしろくはないですが、TOEICのリスニング教材を聞くほうが余程効果的です。ただし、単純に聴き流すだけではそれほど効果は高くありません。リスニング力を飛躍的に向上させる方法は、Chapter 3で解説します。

71

洋画や海外ドラマの効果的な活用法

　なお、映画を英語で観てもある程度理解できるという上級者の方にとっては、映画鑑賞はきわめて合理的な英語学習法だと思います。

　くり返しになりますが、英語学習の伸びは、「学習生産性×投下時間」です。好きな映画を観るというのは、当然苦ではないでしょうから、必然的に投下時間は多くなる傾向にあります。

　TOEIC800点はないけれども、映画や海外ドラマを活用して効果的な学習をしたいという人は、下記のステップを踏むことをオススメします。

　STEP 1：日本語字幕・英語音声で観る
　STEP 2：英語字幕・英語音声で観る
　STEP 3：字幕なしで観る

　このステップを踏むことで、本当はかなりむずかしい映画を、自分にとって理解できるレベルの教材にすることが可能です。わからない映画を字幕なしで何回も観るよりは、確実に効果的な方法です。

間違いだらけの英語学習

Chapter 2

戦略なきスキマ時間学習はムダ

たとえ毎日取り組んでも、スキマだけでは効果は小さい

英語学習を始める人がまずトライするのが、スキマ時間を学習に充てるということだと思います。通勤の電車やランチのスキマ時間で、**少しずつ英語学習をするという考え方ですが、これも残念ながら効率がよい学習とは言いがたい**です。

スキマ時間を英語学習に充てて、少しでも自己成長しようという考え方は非常にすばらしいですし、それに対して異論はないのですが、効果的な英語学習という意味では肯定しづらいというのが本音です。

行きの電車で英語学習アプリを10分やり、ランチの時間にYouTubeで10分英語の動画を観て、帰りの電車では英語のニュースをスマホで10分、合計30分。これを毎日コツコツ続ける。一見すばらしいのですが、**この学習法の問題点は1つの学習にかける1日当たりの投下時間があまりにも少なく、成長速度がきわめて遅い**ことにあります。

「成長実感」が継続のカギ

　英語学習は、一般にそれほど楽しいものではありません。英語学習自体を楽しむというよりは、英語力を伸ばしてビジネスで活躍するための手段のはずです。そうした位置づけの英語学習を継続して行うためには、「成長実感」が１つのカギとなります。少し大変だけれども、それによって成長している実感が持てると人間はがんばれるのです。

　最近はジムに通って筋トレをする人も増えていますが、多くの方は、筋トレ自体が楽しいと思って通っているわけではないと思います（もちろんそういう方もいると思いますが）。

　筋トレをして、正しい栄養を摂ることで、目に見えて体が変わってきます。その変化・成長が楽しくて、ジムに通いつづけているのではないかと思います。

　英語学習も同じです。

　「短期間でもしっかり成果が出る学習法で努力する→成長を実感する→さらに学習する」という正のサイクルを回すことで、継続的に英語力を向上させることができるのです。

　英語学習に話を戻すと、１つの教材当たりの学習時間が、１日10分では大きな成長を実感することはかなりむずかしいと思います。そうすると、「学習する→成長が実感できない→やめる」というパターンをくり返してしまうのです。

間違いだらけの英語学習

Chapter 2

> 学習の前にまず、「仕事の仕方」の見直しを

　スキマ時間での英語学習を否定するわけではありません。しかし、**スキマ時間だけ**で英語学習をしようとすると、必然的に1日の学習時間は少なくなってしまいます。
「仕事が忙しいので、スキマ時間で1日30分しか時間を作れない」という方は、**仕事の仕方を改めてから英語学習に取り組んだほうがよい**と思います。

　プログリットのプログラムに参加希望の方の中にも、「1日30分の学習で英語力を伸ばしたい」とおっしゃる方がいらっしゃいます。しかし、英語学習に魔法はありません。学習生産性を最大限に高めることはできますが、それでも1日30分の学習で英語力を飛躍的に伸ばすことはきわめてむずかしいと言えます。

　では、1日30分程度しか時間が取れないと思っている人は、英語はあきらめるべきなのかというと、そうではありません。**1日30分しか時間が取れないというのは事実ではなく、そう思っているだけ**だからです。こう言うと、多忙なビジネスパーソンの方に怒られそうですが、これまでに多くのビジネスパーソンを見てきて、**どんなに忙しい人でも時間は作れる**ものであると確信しています。プログリットのプログラムに参加している方々には、上場企業の経営者で会食がびっし

り詰まっている方や、昔の私と同じように朝から晩まで働いている方が多くいらっしゃいます。みなさん最初は、「忙しいから無理！」と言うのですが、時間の使い方を見直し、1日2〜3時間程度英語学習をしています。

1日2〜3時間を捻出する思考法

　時間を作りだすうえで一番大事なのは、**24時間という時間をどう使うか、ゼロベースでデザインする**ことです。今の生活スタイルをデフォルトに考えると、「英語学習に3時間を費やすなんてありえない！」と思いがちなのですが、「24時間をどのようなポートフォリオにして生活をするのか？」という発想で時間の使い方を考えると、案外可能なものです。

　既存の時間の使い方をデフォルトにして、そこに**「3時間の英語学習を入れる」**と考えるのではなく、**一から時間の使い方を考え直す**というのは非常に有効な考え方なので、ぜひやってみてください。

　それでも英語学習に30分しか作りだせないという方は、英語力を向上させるということの優先順位が低い可能性が高いです。その場合は無理に英語学習をせず、ほかの優先順位の高いことにまずしっかり時間を使ったほうが、有意義な時間の使い方だと思います。

間違いだらけの英語学習

Chapter 2

受験英語は意味がある

「受験英語は役に立たない」は本当か

　英語学習の議論になると、「日本の受験英語は役に立たない。結局、場数が大事だ」といった話が出ます。果たしてそれは本当でしょうか？
　少なくとも私の経験では、**受験英語はきわめて意味がある**と断言できます。受験のための英語というと、単語、文法、リーディング、そして少しのリスニングというのが大部分を占めますが（最近はスピーキングを課す大学も増えてきましたが）、それらは、英会話をするうえで非常に役に立つものです。
　それでは、日本の英語教育がすばらしいかというと、まったくそうは思いません。大人が英語を身につけるという観点では受験英語は役に立ちますが、子どもが英語を身につけるという観点では、現行の受験英語は非常に非効率だと思います。子どもの英語教育という観点では、文法などのロジックよりも、「いかに英語を使うことを楽しいと思えるか？」が

ポイントだと思います。しかし、それは子どもが長い期間を
かけて英語を習得すればよいという前提に基づいています。

　大人は10年もかけて英語を習得するわけにはいきません。
英語以外のことにも非常に忙しい中で、できるかぎり短期間
で英語を習得する必要があるのです。長期の留学は、英語を
身につけるうえでは非常に効果的な手段ですが、そういうわ
けにもいかない方がほとんどだと思います。

受験英語は、学習効果を最大化できる

　仕事をふつうにしながら英語を身につけたいと考えている
ビジネスパーソンにとっては、受験英語は非常に役に立つ
ツールです。

　受験英語とは、おもに単語力と文法力ですが、これはリス
ニングをするうえでも、スピーキングをするうえでも必要不
可欠です。ネイティブスピーカーは文法なんて気にしないと
いわれますが、それは文法力がないわけではなく、文法とい
うものを意識せずとも、文法的に正しい文章を書いたり、話
したりできているのです。日本人が大人になってからその領
域に到達することは、基本的に不可能です。

　当たり前のことですが、英語とは、英単語の羅列です。英
単語がある特定のルールに従って並んでいるだけです。それ

を口で発音するのがスピーキング、それを耳から聞いて理解するのがリスニングです。そう考えると、単語と文法がいかに大事かというのを理解していただけると思います。

　受験英語、つまり単語と文法（単語の並べ方）を知っている方は、それを使ってどのようにリスニングをするのか、スピーキングをするのか、というトレーニングをすると、飛躍的に英語力が伸びます。

　しかし、単語力と文法力がないまま、Chapter 3 や Chapter 4 で説明する**トレーニング**をしても、英語力の伸びはきわめて限定的になってしまいます。

「受験英語は意味がない。実践が大事だ」と短絡的に考えるのではなく、少し遠回りに見えても、受験英語をしっかり習得することは、のちのちの英語学習の効果を最大化するためには必要だ、ということを理解して、取り組んでいただきたいと思います。

オススメ英語学習本と
取り組み方の秘訣

英会話に必要な文法力がつく本と学習法

　さまざまな本の中から1冊を選ぶのは、なかなかむずかしいと思います。そこで、私がオススメする本を紹介したいと思います。まず、文法に関しては、下記の本です。

　『Mr. Evine の中学英文法を修了するドリル』（アルク）

「Mr. Evine シリーズ」の中の1冊で、「『話せる』ための音声（MP3）DL プレゼント付」です。
　この本は、ドリル形式で、中学で習う英文法を総復習できます。非常に簡潔にまとめられていますし、実際のところ、英会話で使う英文法を学ぶという観点からは、必要十分な知識を身につけられると思います。
　この本を一度やり終えたあと、もう一度最初からやり、2周することで、基礎的な文法はしっかり学習できます。

間違いだらけの英語学習

Chapter 2

また、下記の本もオススメです。

『英文法のトリセツ　英語負け組を救う丁寧な取扱説明書
　——じっくり基礎編』
『英文法のトリセツ　英語負け組を卒業できる取扱説明書
　——とことん攻略編』
『英文法のトリセツ　英語勝ち組を生む納得の取扱説明書
　——中学レベル完結編』
（すべて阿川イチロヲ著、アルク）

このシリーズは3冊構成で、中学の文法を中心に、高校の文法も少しカバーしており、ドリル形式ではなく、どんどん読み進めていくタイプの本です。読書が得意な方は、これらの本を3周ひたすら読むという学習法もオススメです。

1日に50ページぐらい読み進めていけば、1週間で1冊。3週間で3冊読むことができます。それを3回くり返すので、9週間で3冊とも3周読み終わる計算です。

ここまでやれば、**英会話をするうえではほとんど問題のない英文法の知識が身につきます。**

この方法で、まったく英文法の知識がなかった受講生の方でも、**短期間で英語の基礎力を構築し、英会話の実践トレーニングに進むことができます。**

単語帳を買うときは、音声付きのものを

　また、単語力が足りない方は、ぜひ単語帳を1冊購入して、1つずつ覚えていきましょう。

　単語は文章の中で覚えるという考え方もありますが、特に初心者には、この方法は効率が悪すぎます。単語帳には非常によく使われる単語がまとまっていますので、それを全部覚えていったほうが効率がいいことは言うまでもないでしょう。

　単語帳は、何を選んでも問題ないですが、ポイントは2つあります。

　①音声が付いている
　②自分のレベルに合っている

　この2つを意識して単語帳を選ぶとよいと思います。

　高校生のときは、音声など気にせずスペルを覚えたり、ゴロ合わせで英単語を覚えた方もいるかもしれません。しかし、実際の英語は、会話の中で使われます。したがって、どれほどスペルを覚えていても、音声で覚えていない単語は理解できませんし、話すこともできません。

　音声をしっかり確認するために、音声が付いている単語帳を選ぶことは必須です。

間違いだらけの英語学習

Chapter 2

自分のレベルに合ったものを選ぶ

　また、**自分のレベルに合った単語帳を選ぶ**ことも大事です。少し背伸びをしてむずかしい単語帳を選ぶ方が多くいらっしゃるのですが、効果的な学習法とは言いがたいのが現実です。

　自分にはむずかしすぎるレベルの単語ばかりが載っている単語帳を記憶していくのは、そうではない場合よりもかなり時間を要します。

　具体的には、半分ぐらいは知っている単語が載っているものを選ぶのがよいと思います。

　アルクから出版されている「キクタン」シリーズは、とても細かくレベル分けされていますので、書店でそれぞれ立ち読みしてみて、自分のレベルに合ったものを選ぶとまちがいないと思います。

単語はじっくり覚えてはいけない

単語を覚える効果的な方法

次に、どのように単語を覚えれば効果的なのかについて、お話ししたいと思います。単語を覚えるうえで大事なことは、下記の２つです。

①１つの単語をじっくり覚えない
②何回も同じ単語に出合うようにする

真面目な方ほど、単語帳を買うと１ページずつ時間をかけてていねいに覚えていこうとするのですが、**これは絶対にやめるべき**です。なぜなら**人間は忘れてしまう**からです。

英語学習にはいろいろな種類がありますが、英単語の学習はシンプルに「暗記」です。覚えているか覚えていないか？基本的にこれだけのシンプルな勉強です。

したがって、どれだけ真面目に取り組んでも、１カ月後に

間違いだらけの英語学習

Chapter 2

覚えていなければ何の意味もありません。
　いかに長期にわたって、記憶を脳に留めておけるかということにフォーカスして、単語の暗記方法を考えていくべきなのです。

　　　エビングハウスの忘却曲線で暗記効率を高める

　そこで、**効果的なのは、有名なエビングハウスの忘却曲線を利用して英単語の暗記をしていく方法**です。
　エビングハウスの忘却曲線について世間でよく知られているのは、下記の内容だと思います。

　人は何かを学んだときに、
　　20分後には42％忘れる
　　1時間後には56％忘れる
　　9時間後には64％忘れる
　　1日後には67％忘れる
　　2日後には72％忘れる
　　6日後には75％忘れる
　　31日後には79％忘れる

というように、忘却率を縦軸に、時間を横軸にとったグラ

フを想像するのではないでしょうか？

これを聞いたことがある方は多いと思うのですが、実はドイツの心理学者であるエビングハウスが行った実験は、**忘却率を調べた実験ではありません。**

本当のエビングハウスの忘却曲線とは

まずエビングハウスは、「子音・母音・子音」から成り立つ無意味な音節（rit、pek、tas など）をリストアップして、実験の参加者に覚えさせました。つまり覚えさせられる側の人にとっては、何の意味もなければ興味もわかない情報を覚えさせたのです。

そのうえで、1時間、1日、1週間と時間をあけて、rit、pek、tas などの無意味な音節をどれぐらいの時間で覚えられるか再度調べました。

そうすると、1回目には5分かかってようやく覚えられたものが、10分後には1分で覚えられました。したがって、10分後には同じものを記憶するのに4分節約できたことになります。この**1回目に要した時間と、節約できた時間の比率を表したものを節約率**と言います。

そして、**この節約率を縦軸にとり、時間を横軸に取ったのが、エビングハウスの忘却曲線**です。

間違いだらけの英語学習

Chapter 2

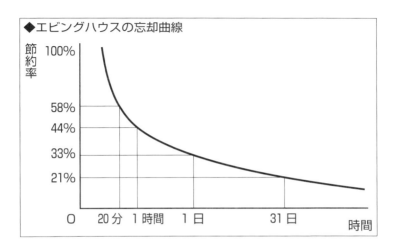

　図からもわかるように、20分後には節約率が58％だったものが、1日後には33％になってしまっています。要するに、**時間がたつにつれて節約率が低くなっていく、つまり1回目に覚えるのとほぼ同等の状況に戻ってしまう**ということです。

　ちなみに、記憶には短期記憶と長期記憶というものがあり、長期記憶はいつまでたっても忘れません。初恋の思い出は、エビングハウスの忘却曲線のようにはならないですよね。エビングハウスの忘却曲線は、短期記憶についてのみ当てはまるものだと考えられます。

　そして、**これをうまくコントロールすることが英単語の記憶には重要**です。人間の脳には海馬と呼ばれる部分があり、

87

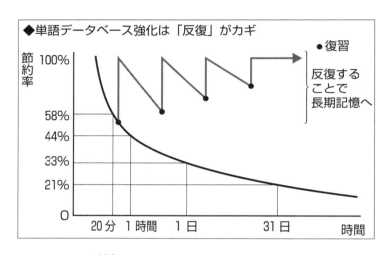

海馬が記憶を司(つかさど)っています。情報が入ってくると、それが長期記憶か短期記憶かを判断し、短期記憶は常に入れ替えながら記憶を調整しているのです。

英単語を覚えてもすぐ忘れてしまうというのには、理由があります。それは海馬が、覚えた英単語を短期記憶だと認識してしまうからです。

英単語を暗記するためには、いかに海馬に長期記憶にするべき情報であると思ってもらえるかがポイントです。

その**一番かんたんな方法が、何度も同じ情報をインプットする**ことです。それが、反復することの意義なのです。

間違いだらけの英語学習

Chapter 2

記憶の定着率を高める暗記法

　では、どれぐらいのペースで反復するのがよいのでしょうか？　実際に単語を覚えるときを想像してみましょう。

　まず、英単語を1日30個ずつ地道に覚えていき、1,000個までいくとまた復習すると仮定します。そうすると、約1カ月後には1,000個の単語を一度は覚えたことになります。そして、35日目からは、もう一度最初の単語に戻って反復します。

　この方法だと、エビングハウスの忘却曲線によると節約率21%なので、再度覚えるのに1日目とほぼ同等の労力がかかることになります。これをくり返すといつかは海馬が長期記憶として認識してくれるかもしれませんが、かなり遠い未来になることは容易に想像できます。だとすると、どうしたらよいか？

　節約率が高いうちに復習すればいいのです。つまり、**復習するまでの期間を短くすることが重要**です。具体的には、下のように1週間、毎日同じ単語を学習するのが効果的です。

　1週目　　1〜200番を毎日くり返し学習
　2週目　　201〜400番を毎日くり返し学習
　3週目　　401〜600番を毎日くり返し学習

89

◆同じ単語をより短い周期でくり返し学習するのが効果的

4週目　601〜800番を毎日くり返し学習
5週目　801〜1000番を毎日くり返し学習

　重要なことは、**短い期間で何度も同じ単語に出合うこと**です。言い換えると、**節約率が高いうちに何度も復習することにより、効率的に暗記ができる**のです。

　くり返しますが、使用する単語帳は、**必ず音声付きのものを選びましょう。**単語を覚えることの最大の目的は、「聞いて理解でき、話すときに使えるようにする」ことです。発音をまったく無視してスペルで暗記してしまうと、その後の効具が半減します。

間違いだらけの英語学習

Chapter 2

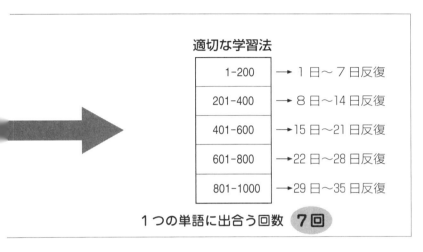

また、単語を暗記するときは、下記の3つを使って暗記すると効果的です。

①見て覚える
②聞いて覚える
③発音して覚える

あらゆる方法で単語に触れることで、長期記憶として定着しやすくなります。

逆に、オススメできないのが、**書いて覚える**方法です。これには2つの理由があります。

1つは、「あまりにも時間効率が悪い」ということです。書くという作業は、見る、聞く、発音するという行為と比較すると時間がかかります。

　2つ目は、**現代においてスペルを正しく覚えていることの価値はほとんどない**からです。

　英語を書く機会がある方も、基本的にはパソコンでタイピングするというのがほとんどだと思います。その場合は、たとえスペルをまちがえて打っても、オートコレクト機能で正しい単語に直してくれます。

　日本語でも、「見て理解できる、聞いても理解できる、発音もできる、でも書けない」漢字は非常に多いと思います。

　それでも日常生活で困ることはありません。英語も基本的には同じで、ビジネスシーンにおいても、スペルを正確に覚えておらず困ることはあまりないので、気にせず音でどんどん覚えていくのがよいでしょう。

間違いだらけの英語学習

Chapter 2

TOEIC 嫌いはただの逃げ

TOEIC の実力

　Chapter 2 の最後に、TOEIC（TOEIC® Listening & Reading Test）についてお話ししたいと思います。なお、TOEIC には、S&W というスピーキングとライティング力を測る試験も存在しますが、ここでは、L&R といわれる従来型の試験についてお話しします。

　結論から言うと、**英語初級者〜中級者にとっては、TOEIC はきわめて有効な試験**だと思います。TOEIC スコアでいうと 800 点ぐらいまでの方です。

　少なくとも、**現在のあらゆるテストの中では客観性が高く、英語力とスコアの関連性もきわめて高い**と思います。

　まず、**英語学習をするうえで、定量的に現状を理解するというのは非常に重要**です。ビジネスの世界では、PL や BS という指標で企業の現状を測り、改善活動をくり返します。

PL や BS が完璧に企業の状況を表しているかというと、そうではありません。企業の状況を正確に把握するためには、組織の状態を測る必要もありますし、キャッシュフローを見る必要もあります。しかし、PL や BS というわかりやすい指標で企業の状況を把握することが、きわめて有効なのは、おわかりいただけると思います。

　英語学習もまったく同じで、英語のスキルを完璧に測ることができるテストは世の中に存在しません。それでも最善のテストを用いて現状を理解することにより、英語学習がより効果的になることは言うまでもありません。

TOEIC にまつわる 2 つの大きな誤解

　TOEIC は、日本のビジネスパーソンの間では非常に広く使われているテストであると同時に、多くの批判的な声があるのも事実です。よく耳にする批判としては、下記のようなものがあるのではないでしょうか？

「TOEIC はスピーキングがないので意味がない」
「TOEIC のスコアが高くても英語を使えない人が多い」

　まず、「TOEIC はスピーキングがないので意味がない」に

間違いだらけの英語学習

Chapter 2

ついて考えてみましょう。

英語、もっというと言語は、大きく2つのスキルに分かれます。

①受容スキル（receptive skills）
②産出スキル（productive skills）

「受容スキル」とは、聞いたり見たりして内容を理解する能力です。リスニングとリーディングですね。

一方、「産出スキル」とは、話したり書いたりして、自分から英語を生み出す能力です。スピーキングとライティングです。

実務レベルで考えるとわかりやすいと思うのですが、仕事でまず大事なのは、**「相手が話していること」「書いていること」を理解する能力**です。どれだけスピーキング能力が高くても、ミーティングで相手が言っている意味がわからなければ会話はできません。

リスニング力が非常に高く、相手の言っていることが完全に理解できれば、最悪、スピーキング力が低くても単語をつなげて会話を成立させることは可能です。

したがって、実際の現場で必要な能力を考えれば、まず受容スキルを上げることが効果的であることをわかっていただ

95

けると思います。また、TOEIC は受容スキルを測るテスト
なのです。そういう意味では、**特に中級者ぐらいまでは、**
TOEIC 試験で自分の英語力を定期的に測ることはきわめて
有効だと思います。

　次に、「TOEIC のスコアが高くても英語を使えない人が多
い」という意見について考えます。

　これもよく言われることなのですが、正しくもあり本質を
外している意見だとも感じます。

　まず先程も述べた通り、TOEIC（L & R）はスピーキン
グの試験がありませんから、TOEIC スコアが高いからといっ
て英語が話せるわけではありません。

　TOEIC スコアが高いということは、リーディング力とリ
スニング力が高いということになります。したがって、
「TOEIC のスコアが高くても英語を使えない人が多い」とい
う意見は正しいのですが、だからと言って **TOEIC なんかど**
うでもいいとはならないのです。

　TOEIC は、英会話をするうえでは必要条件になります。
十分条件ではないのです。TOEIC ができると英会話ができ
るという論理は成り立ちませんが、TOEIC すらできない人
は英会話はできないという論理は成り立ちます。

　中には例外の方もいらっしゃいますが、多くの方には当て
はまると思います。

96

間違いだらけの英語学習

Chapter 2

> ビジネスで英語を使うなら、リスニングは満点欲しい

　私は、**TOEICのリスニングで満点近いスコアを取ることが、英語をビジネスで使ううえでは必須**と言っても過言ではないと思います。

　TOEICのリスニング音声は、実際のビジネスミーティングで話される音声や、海外のニュースで話される英語よりもかんたんな単語を使い、スピードもゆっくりです。

　したがって、**TOEIC（特にリスニング）で高得点を取るというのは、ビジネス英語のスタートラインに立つというのとほぼ同義**だと思います。

　くり返しますが、**「TOEICのスコアが高くても英語を使えない人が多い」という意見は正しいのですが、だからと言って、TOEICが必要ないという論理は成り立ちません。**

　私の感覚では、「高校野球では活躍していたのに、プロ野球では活躍できない人が多い」と言っているのと同じです。だからと言って、高校野球レベルで活躍できない人がプロ野球で活躍できるわけがないですよね。

　TOEICもまったく同じで、厳しいことを言いますが、**TOEICレベルの英語もできないで、ビジネスの現場の英語が理解できるはずがない**のです。

　TOEICスコアが800点ぐらいになるまでは、TOEICスコ

アを指標に英語学習をすることは非常に合理的だと思います。

　逆に、TOEIC800 点を超えた方は、TOEIC という指標を卒業し、VERSANT®などのスピーキング試験を活用することが有効です。VERSANT® は、ピアソン PLC 社が開発し、日本では日本経済新聞社が販売しているスピーキングテストです。オンライン上で受験できて、テスト時間も約 17 分と短く、結果もネット上で閲覧できるため、手軽に受けることができます。スピーキング力を測るうえでは便利なテストです。

英語を科学する
——リスニング編

Chapter 3

英語2.0学習

なぜあなたの耳は英語が
聞こえないのか？

まずリスニングができない原因を特定する

　唐突ですが、リスニングが苦手だと思っている方、あなたはなぜ自分はリスニングができないのか考えたことはあるでしょうか？

　・単語力がないから
　・英語の音に慣れていないから
　・ネイティブスピーカーのアクセントがむずかしいから

　いろいろ想像できると思いますが、できない原因を正確に理解している人は少ないと思います。リスニングの能力を向上させるためにすべきことは、きわめてシンプルです。現状、なぜリスニングができないのかを理解し、それを解決するためのトレーニングを積む、これだけです。
　多くの方が、リスニングができない原因を理解していない

英語を科学する──リスニング編

Chapter 3

まま、「○○メソッド！」のような目新しいソリューションに走ってしまっていると思います。

リスニング力を向上させることができない一番の要因は、自分のリスニングの課題を特定していないことだと思います。

そして、フレームワーク（脳のプロセス）を知ってしまえば、「リスニングがなぜできないのか」を理解することは、むずかしいことではありません。

できない原因を特定するためにはまず、リスニングをしているときのフレームワークについて理解する必要があります。

リスニングをしているときの脳のプロセス

リスニングをしているとき、脳の中では大きく2つの処理が行われています。「音声知覚」と「意味理解」と呼ばれています。正確にはその後、短期記憶という処理もあるのですが、今回の説明からは省きます。

「音声知覚」は、音を耳がキャッチして、それがなんという単語かを知覚するプロセスです。「意味理解」は、音声知覚した単語が文章としてどういう意味かを理解するプロセスです。

音声知覚と意味理解のプロセスは、「知識データベース」と呼ばれるものと密接に結びついています。知識データベースというのは、単語の音や意味、熟語、文法、例文など、脳

の中に溜まっている英語に関する知識のことです。

　音声知覚のプロセスはまず、①耳で英語の音（音波）をキャッチして、②その音をもとに知識データベースに問い合わせ、単語の音データを取り出します。

　そうすることで、今聞いた音が何という単語なのかを理解しています。具体的な例で言うと、

　①「ァナッポゥ」という音を耳がキャッチし、

　②知識データベースに問い合わせて、それが「an apple」であるという音データを取り出すのです。

　次に意味理解のプロセスですが、音声知覚した単語をもとに知識データベースに再度問い合わせをし、単語の意味データや文法データを取り出して文章の意味を理解します。

　先程の例で行くと、「an apple」というデータをもとに知識データベースに問い合わせ、それが赤い丸い形をしたフルーツである、と理解するのです。当然、通常のリスニングであれば、このように2単語だけではなく文章を理解するので、文法の知識も非常に重要になってきます。

リスニングができない2大要因

　少し細かくご説明しましたが、**ポイントはこの2つの処理が両方できて初めてリスニングは成立する**という点です。

英語を科学する──リスニング編

Chapter 3

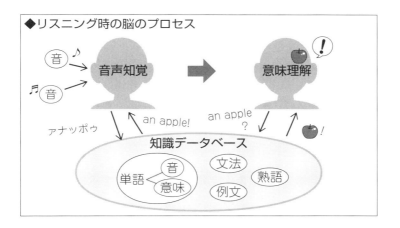

◆リスニング時の脳のプロセス

したがって、原因は、大きく次の2つに分かれます。

①音声知覚ができていない
②意味理解ができていない

ご自身のリスニングの課題がどちらなのかを、ぜひ考えてみてください。**音が聞こえて、それがどういう単語か浮かんでいない人は音声知覚が課題**ですし、**単語は頭に浮かんでいるものの意味がわからない人は、意味理解に課題**があります。

当然ですが、音声知覚を鍛えるトレーニングと意味理解を鍛えるトレーニングはまったく異なります。この大きな方向

性を理解し、**その課題に合ったトレーニングをすることで、学習効率は大幅に高まります。**

　たとえば、野球選手が野球がうまくなりたいからといって、守備練習とバッティング練習のどちらをすべきか考えずに練習することはありえないはずです。守備の力を向上させるべき選手がバッティング練習ばっかりしていても、残念ながら守備はうまくなりません。

　英語学習も同様です。音声知覚を鍛えるべきなのか？　意味理解を鍛えるべきなのか？　それを理解せず英語学習をしている人と、それを理解したうえで必要なトレーニングをしている人では、最終的なリスニング力の向上幅は大きく変わってきます。

原因は３つに集約できる

　また、音声知覚の課題は大きく次の２つに分けられます。

①知識データベースに単語の音データが不足している
②知識データベースとのトランザクション（一連の処理）
　のスピードが遅い

　言い換えると、単語力がないから聞き取ることができない

英語を科学する──リスニング編

Chapter 3

のか、単語力はあるけれど聞こえてきた音の情報処理に時間がかかってしまいわからないのか、という違いです。これによってすべきトレーニングは当然、異なります。

また、意味理解も同様で、課題は大きく次の2つです。

①知識データベースに単語や文法のデータが不足している
②知識データベースとのトランザクションのスピードが遅い

まとめると、原因は、次の3つに集約することができます。

①単語や文法などの知識が不足している
②音声知覚のトランザクションのスピードが遅い
③意味理解のトランザクションのスピードが遅い

このどれに当てはまっているかでやるべきトレーニングが大きく変わってきますので、ぜひ考えてみてください。
なお、**単語と文法の知識が不足している人は、まずどんな学習よりも前に、これらの基礎知識を頭に入れる必要があります。**単語や文法の知識がないまま英語のトレーニングをすることは、非常に非効率なので、まずはしっかり基礎的な知識を頭に入れ直してください。

音の変化を制するものは、リスニングを制する

音の変化がわからないと聞き取れない

　音声知覚ができていない原因として、2つあげましたが、「知識データベースに単語の音データが不足している」に関して、実は1つ大きな落とし穴が存在します。

　それは、「音の変化」です。

　単語一つひとつの音は記憶していても、単語がつながると音が変化したり、音が消失したりします。これを音の変化というのですが、音の変化を理解していないがゆえに、音声知覚がうまくできていない人は非常に多いと思います。

　そこで、最低限押さえておきたい音の変化について、簡単にご紹介しておきます。

　音の変化には、いろいろな種類があるのですが、大きく分けると、重要なものは「音の連結」「音の消失」「フラップのt」「弱形」の4つです。

英語を科学する —— リスニング編

Chapter **3**

音の変化 1 「音の連結」

　これは、音の変化の中でも一番有名かと思います。また、意識せずとも自然とできている人もいるかもしれません。

　ルールは非常に単純で、**前の単語が子音で終わり、次の単語が母音で始まれば、音は連結**します。

［ルール］
　「子音＋母音」で連結

［例］
　　stan**d u**p　→　スタン**ダ**ッ
　　li**ke i**t　→　ライ**キ**ッ

　上記の例のように、stand up は stand が d という子音で終わり、次の up が u という母音で始まっているので、「スタンド アップ」ではなく、「スタンダッ」と連結した発音になります。また、like it の e はサイレント e と呼ばれ、発音しません。したがって、like は k という子音で終わり、it は i という母音で始まっているので、「ライク イット」ではなく、「ライキッ」となります。it の t の音が消えているのは、次に説明する音の消失です。

107

音の変化2 「音の消失」

こちらも単純なルールで、破裂音と呼ばれる音（p, b, k, g, t, d）で前の単語が終わり、次の単語が子音で始まれば、破裂音は発音されず、消失します。

［ルール］
「破裂音（p, b, k, g, t, d）＋子音」で破裂音が消失

［例］
good morning　→　グッ モーニン
take care　　　→　テイ ケア

上記のように、good morning の d は破裂音で、morning の m は子音です。したがって、破裂音である d は消失し、「グッ モーニン」となります。音の消失というルールを知らなくても、「グッド　モーニング」と発音する日本人はおそらくかなり少ないと思います。このように感覚的に発音を変化させているものも、一定のルールに基づいています。ルールさえ知ってしまえば、どんな英語でも対応できるようになります。

ちなみに、morning の g、like it の t のように破裂音が最後にきたときも、音が消失することが多いです。

英語を科学する──リスニング編

Chapter 3

音の変化3「フラップのt」

単語1語でも起こる音の変化です。**tが母音で挟まれていると、tはトゥという破裂音ではなく、ラ行のような音に変わる**というルールです。

［ルール］
「母音＋t＋母音」で、tの音がラ行の音に変化

［例］
water　→　ウォ**ラ**
letter　→　レ**ラ**

このように、waterを「ウォター」ではなく「ウォラ」のように発音します。ちなみにイギリス英語では、あまりフラップのtは起こりません。

また、1語だけでなく2語でも、ルールに当てはまればフラップのtは起こります。一番有名なのは、shut upでしょうか。これはカタカナであえて書くと、「シャラップ」と覚えている方が多いと思います。こちらもルールに基づいて音が変化しているのです。

音の変化4 「弱形」

最後は、「弱形」です。これは**最も重要な音の変化**ですので、ぜひしっかり頭に入れてください。

［ルール］
　機能語は非常に弱く発音

［例］
　him　→　イム
　her　→　ア-

弱形のルールはちょっとよくわからないかもしれませんね。

　まず機能語というのは、冠詞、前置詞、代名詞です。機能語の反対語は内容語といい、動詞や名詞など内容を表すものです。機能語は英語の文章の中では脇役ですが、この**機能語がリスニングでは非常に重要になってきます。**

　私は仕事柄多くの日本人の英語の課題について研究していますが、機能語は弱く発音されるというルール（弱形）をほとんどの方が知識として持っていません。そのため弱形に対応できず、リスニングができない、というケースがたいへん多いのです。

英語を科学する——リスニング編

Chapter *3*

　例にある「him →ィム」という記載を見て、「him = ヒムだろ！」と思った方は、ぜひ弱形をここでしっかり学んでください。
　まず、**機能語には「弱形」と「強形」という2つの発音が存在します。**
　him を例にあげると、「ヒム」という発音が強形、「ィム」という発音が弱形です。お手元のスマホで「him weblio」と検索してみてください。「Weblio辞書」サイトが開き、him の発音が確認できると思います。
　そこには、弱形と強形の2つの発音が載っているはずです。

弱形：(h)ɪm
強形：hím

　辞書にも載っていることからわかるように、him には2つの発音が存在しています。しかし、日本の英語教育では、「him = ヒム」とだけ教えられてきているのです。
　また、驚くべき事実は、**機能語は弱形で発音されることがきわめて多い**ということ。つまり、多くの場合で、him は「ィム」と発音されているのです。それにもかかわらず、私たちの知識データベースには、「ィム」データは記憶されていないため、聞こえない＝リスニングができないのです。

111

「弱形」と「強形」の使い分け

　余談ですが、スピーキングにかかわってくるため、弱形と強形の使い分けについても少し言及しておきます。

　弱形：通常時に使用
　強形：機能語を強調したいときに使用

　具体的には、下記の場合は him は弱形で発音します。なぜなら、**特に him を強調する必要がないから**です。

Do you like your boss?
Yes, I like him.
　　　　　　└ 強調する必要がない → 弱形

　一方で、「Who do you like?」と聞かれて、1人を指さしながら、「I like him.」と言うときはどうでしょう？　このときは「him」を強調したいので、あえて強形で発音します。

Who do you like?
I like him.
　　　　└ 強調したい → 強形

英語を科学する ── リスニング編

Chapter 3

　弱形は小さいことのようで非常に大きな問題です。日本の英語教育は、あらゆる問題が指摘されていますが、私はすべての機能語の強形しか教えていない教育システムは、非常に問題だと思っています。これによってかなり多くの方がリスニングに苦しんでいるのです。逆に言えば、**弱形をマスターすれば、リスニング力は飛躍的に伸びる可能性があります。**

　以上が、重要な4つの音の変化です。英語における音の変化はほかにもいろいろとありますが、**知識としてはこの4つを理解しておけば、基本的に問題ありません。**

　しかし、頭で理解したからといって、それが聞こえるようになる、使えるようになるわけではありません。これらをマスターするためには練習する必要があります。無料で学習したい人は、Google 検索で「音の変化　英語」と入力してみてください。多くのサイトが出てくるはずです。これらのサイトは、音声付きでわかりやすく説明されているものが多いので、自分でも声に出しながら練習してみるといいでしょう。

　無料サイトである程度トレーニングし、もう少ししっかり音の変化を学びたい人は、「モゴモゴバスター」がオススメです。1回買い切りのサイトで 6,300 円（2019 年 2 月現在。為替によって変動）かかりますが、音の変化が非常にわかりやすくまとまっています。良質な学習教材ですので、興味のある方は一度試してみてください。

113

シャドーイングの驚くべき効果

なぜシャドーイングは挫折しやすいのか

音の変化がある程度理解できた方は、シャドーイングというトレーニングがオススメです。シャドーイングとは、英語音声を聞きながら、それと同じ音を少し遅れて発音するトレーニングです。影（シャドー）のように遅れて発音することから、シャドーイングと呼ばれます。

読者の方の中にも、シャドーイングを練習したことがある人も多いと思います。シャドーイングをされたことがある方は、実際の効果はいかがだったでしょうか？

私の経験では、シャドーイングは、トライしてみたものの、効果があるのかわからないままやめてしまっている人が多いように感じます。

その一番大きな原因は、シャドーイングの目的や方法を明確に理解しないまま、なんとなくシャドーイングを始めてしまっていることだと思います。シャドーイングは楽なトレー

英語を科学する —— リスニング編

Chapter 3

ニングではないので、目的を明確に理解せずまちがった方法で取り組むと、あまり効果が出ず、十分な量のトレーニングをしないままやめてしまうことが多いのです。

シャドーイングの真の目的

まずは、シャドーイングの目的について明らかにしていきましょう。

シャドーイングをする目的は、ズバリ「**音声知覚の自動化**」です。音声知覚の自動化というのは聞き慣れない言葉だと思いますので、ていねいに説明しましょう。

リスニングをするときの頭のキャパシティのことを、「脳内ワーキングメモリ」と言います。そしてリスニングをするときは、音声知覚と意味理解の処理が、このメモリを消費しながら英語の音声を理解しようとしています。

よくある状態は、次ページの上の図のような状態です。**音声知覚に脳内ワーキングメモリのほとんどを使ってしまい、意味理解に残りわずかなメモリを使っている状態**です。

英語の音を知覚することに頭が必死で、意味を理解することに頭が使えていないのです。105ページで「②音声知覚のトランザクションのスピードが遅い」が当てはまった方は、このような状態になっています。

このような状態だと、どれだけ音声知覚がうまくいっても意味理解に頭が使えていないので、意味を理解することができません。では、どういう状態が理想かというと、下の図のような状態です。

音声知覚にはメモリをほとんど使わず、意味理解にメモリを使っている状態です。

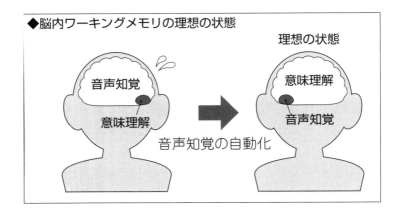

英語を科学する──リスニング編

Chapter 3

　日本語をリスニングしている状態を思い浮かべてください。音声知覚に頭を使っている感覚はありませんよね？　頭のほとんどを意味理解に使っていると思います。

　これが、リスニングをしているときの理想的な脳内の状態です。

　このように、脳内メモリのほとんどを音声知覚に使っている状態から、メモリのほとんどを意味理解に使っている状態に変化させることを、**音声知覚の自動化**と言います。

　音声知覚の自動化とは、**音声知覚に頭を使わなくても音声知覚を完璧にできる状態を作ること**です。

　そしてこれを目的に行うトレーニングが、シャドーイングなのです。この目的を理解して行うシャドーイングの効果と、なんとなくシャドーイングがリスニングに効くと聞いて行うシャドーイングの効果は雲泥の差です。シャドーイングをするときは、ぜひ「**今は音声知覚の自動化をしているんだ**」と意識しながら行うようにしてください。

シャドーイングにオススメの教材

　シャドーイングを行うためには、スクリプトが存在する音源を用意する必要があります。**スクリプトがないものは学習効率が落ちますので、絶対にスクリプトがあるものを選ぶよ**

うにしてください。レベルにもよりますが、下記の教材がオススメです。

① VOA
② 『公式 TOEIC® Listening & Reading 問題集』
③ TED

①は、「Voice of America」の略で、アメリカの国営放送局のニュースサイトです。VOA には、英語を学んでいる人向けのページがあり、やさしい文章で書かれたニュースを、通常よりもゆっくりとしたスピードで読み上げてくれていますので、初心者にはオススメです。スクリプトもついていますし、音声のダウンロードも可能なので非常に便利です。

②の『公式 TOEIC® Listening & Reading 問題集』は、TOEIC スコア 400 〜 800 点ぐらいの方にオススメです。VOA や後述する TED に比べると、テスト用に作られた音声なので生の英語とは少し異なりますが、日常生活やビジネスに関するトピックが多く、レベルも一定ですので、練習教材としてはオススメです。

③の TED は、TOEIC の音声では満足できない上級者の方にオススメです。テレビなどでご覧になっている方も多いと思いますが、あらゆる専門家が最先端の研究などをプレゼ

英語を科学する——リスニング編

Chapter 3

ンしている映像ですので、内容がとても興味深いものが多く、種類も豊富です。自分のレベルに合わせて適切なものを選べば、非常に効果の高い教材だと思います。

シャドーイングの効果を最大限に引き出す学習法

シャドーイングの方法については、本やネットでくわしく説明されていますのでここでは割愛しますが、行ううえでの重要なポイントを紹介します。ポイントは2つです。

① 1つの音源を100回以上くり返す
② 自分の音声を録音して確認してみる

シャドーイングは、非常に単純なトレーニングなので、どんどん次の音源に進みたくなります。しかし、それが**英語力向上を阻害する一番の要因**です。

先ほども説明したように、シャドーイングの目的は音声知覚の自動化です。音声知覚を自動化するということは、一つひとつの音源を、余裕でシャドーイングができる状態にすることとほぼ同義です。音源のレベルや英語力にもよりますが、1つの音源について、100〜150回程度シャドーイングするのがよいです。

仮に、10回程度シャドーイングして次の音源に移っているようでは、ほとんど意味がないということです。

　また、シャドーイングは、音源の音声のイントネーションやアクセントまでも完全にコピーすることを目指して行います。
　そして、自分がどの程度コピーできているかをチェックすることがきわめて重要です。チェックすることにより、コピーできている部分とコピーできていない部分を明確化できますので、苦手な部分を集中的に練習することも可能になります。
　チェックするときは、前項で説明した音の変化に対応できているかをぜひチェックしてみてください。

　くり返しになりますが、シャドーイングは音声知覚の自動化を目的として行います。聞いた音を一瞬でリピートするので、脳の中では強制的に音声知覚を瞬時に行っています。そして、これを何度も何度もくり返すことにより、徐々に音声知覚が自動化されていくのです。

英語を科学する──リスニング編

Chapter *3*

音読でリスニング力を高める

意味理解の力を養う多読トレーニング

多くの日本人は、音声知覚が原因でリスニングが苦手になってしまっています。したがって、多くの方にとってシャドーイングは非常に有効なトレーニングです。

では次に、どのようにして意味理解の力を向上させればよいのか、という疑問がわいてくると思います。

意味理解を向上させるためによいトレーニングが、Chapter 2で説明した多読トレーニングです。かんたんな単語だけで書かれた文章を、徹底的に読み込むトレーニングです。

意味理解の力とは、英語を英語の順番で理解し、それがいかに速くできるかということに尽きます。つまり、「いかに速く英語を読めるか」ということを突き詰めていくと、意味理解の力はどんどん向上します。

リスニング力を向上させるためにリーディングをすること

121

に、違和感を覚える方もいると思います。しかし、**リーディングのトレーニングは、正真正銘リスニング力を上げることに大きく寄与します。**

相乗効果がある組み合わせなら効率的に学習できる

これを理解するためには、まず英語のスキルを構造的に分類する必要があります。Chapter 2 の最後で説明したように、英語のスキルは大きく2つに分けられます。

①受容スキル （receptive skills）	リスニング リーディング
②産出スキル （productive skills）	スピーキング ライティング

受容スキルとは、聞いたり見たりして内容を理解する能力で、リスニングとリーディングを指しましたね。一方、産出スキルとは、話したり書いたりして自分から英語を生み出す能力、スピーキングとライティングでした。英語のスキルを分けるときに、

英語を科学する —— リスニング編

Chapter 3

・リスニングとスピーキング
・リーディングとライティング

というセットで考えがちですが、脳の働きから考えると、

・リスニングとリーディング
・スピーキングとライティング

がセットです。英語学習の観点から考えると、上記のセットは相乗効果が大きく、そうでない組み合わせは相乗効果は小さいといえます。

リスニングとスピーキングは、野球とサッカーぐらい違います。バッティング練習をしても、シュートはうまくならないのと同様、リスニングのトレーニングをしてもスピーキング力の向上はほとんど見られません。

一方、リスニングとリーディングは、野球とソフトボールのような関係ととらえるとわかりやすいかもしれません。**同じトレーニングで大きな相乗効果が見込める**のです。

念のため言及しますが、リスニングのトレーニングをしてもまったくスピーキングに影響を与えないというわけではありません。少しは相乗効果はあるものの、同じスキルグループの2つの相乗効果と比較すると小さいということです。

リスニング力を上げる音読トレーニング

　それでは、リーディングを利用してリスニング力を向上させるトレーニングを紹介します。

　多読以外に、もう１つ意味理解の力が向上するトレーニングが、音読トレーニングです。

　音読トレーニングは、黙読とは異なり、英語の文章を声に出して発音するトレーニングです。では、なぜ音読をすると意味理解の力が向上するのか？　それは黙読と音読の違いにあります。

　黙読と音読の唯一の違いは、声に出すか出さないかです。音読は声を出すので、絶対に後ろから訳すことができません（もちろん無理やり後ろから訳そうとすれば別ですが、ふつうに読むと後ろから訳すことはできません）。**後ろから訳すことが原則できないので、英語を英語の順番で理解するクセがつく**のです。これが非常に重要で、音読をすることで自分を無理やり後ろから訳せない状況に追い込むことができます。

　まず後ろから訳さず前から英語を理解できるようにならないと、意味理解の力の向上はありえません。リーディングで後ろから訳している人が、リスニングで英語を理解できるはずがないのです。リスニングでは当然、戻って聞くことはできないからです。

英語を科学する――リスニング編

Chapter 3

音読トレーニングにオススメの教材とコツ

音読トレーニングをするときの注意点としては、**意味がギリギリ理解できるレベルのスピードで音読をする**ことです。

意味理解の力を向上させるためには、後ろから訳すことなく、英語を理解するスピードをどんどん上げていく必要があります。ゆっくり英語を理解していても、意味理解の向上にはつながりません。

オススメのテキストとして、TOEIC800点以下の方は下記のテキストを1冊購入してやり込むとよいでしょう。

『TOEIC® L&R TEST 読解 特急2　スピード強化編』
（神崎正哉、TEX加藤、Daniel Warriner共著、朝日新聞出版）

この本は、30問のTOEICの予想問題からなり、解説があるという一般的なTOEICの学習本です。

リーディングスピードをWPMで可視化する

音読のトレーニングをしていくうえで重要なことは、自分の成長をしっかり可視化することです。具体的には**WPMという指標を使うことで、リーディングスピードの成長を可視**

化できます。 WPM = Words Per Minute で、1分間に読める単語数のことです。**これが150になることを1つの目安としてトレーニングしてください。**

WPM が150になると、リーディングスピードとしては、仕事をするうえでも困ることは基本的にありません。また、リスニングをするうえでも、通常レベルのスピードにはついていけるようになります。

WPM を計算するためには、リーディングするときに1つの文章を読むのにかかった時間を計っておき、その文章の単語数をかかった時間で割ってあげれば計算できます。

WPM＝単語数／文章を読むのにかかった時間

音読トレーニングをする場合は、エクセルなどで WPM を計算して、自分がどの程度のスピードでリーディングできているかを記録していくと効果的です。

先程紹介した本は、1つの文章における単語数がすべて記載されており、WPM をかんたんに計算するための表も用意されているため、きわめてかんたんに WPM の管理が可能です。

英語を科学する —— リスニング編

Chapter *3*

それに加えて、収録されている音源の読み上げスピードがWPM 約 150 に設定されているため、目指すべきリーディングスピードが非常にわかりやすくなっています。

効果的な音読トレーニング法

この本を例に、音読トレーニングの方法をご紹介します。

STEP 1
まず TOEIC 本番と同様の気持ちで問題を解く。そのときに文章を読むのにかかった時間を計っておき、WPM を計算する。

STEP 2
解答を見ながら、わからない単語などは調べて、文章全体を理解する。

STEP 3
音読を 30 回する。

STEP 4
再度問題を解くように文章を黙読して、かかった時間を計測し、WPM を計算する。

STEP 5

　トレーニング前とトレーニング後の WPM をエクセルに記入する。

　音読するときは、スピードは自分が理解できる最高スピードで読むようにします。速すぎて意味が理解できなかったり、あるいはゆっくり過ぎたりすると、音読の効果は非常に薄くなってしまいます。

　また、WPM150 のスピードを確認したい場合は、音源と同時に音読を行うといいでしょう。

　STEP 5 までできたら、次の文章に進みましょう。1 日に 2 つの文章を終わらせれば、15 日で本を 1 冊クリアすることが可能です。

　このトレーニングをくり返すと、自分のリーディングスピードが上がっていることに気がつくと思います。それが実感できれば、リスニング能力も向上しています。

英語を科学する —— リスニング編

Chapter 3

ディクテーションで リスニング力は上がらない

ディクテーションはあまり負荷がかからないトレーニング

　ディクテーショントレーニングは、**英語の音源を聞きながら、すべての文章を書き取るトレーニング**です。非常によく知られたトレーニングで、取り組んだことがある方も多いと思います。それでは、ディクテーションにはどんな効果があるのでしょうか？

　結論から言うと、ディクテーションでリスニング力はほとんど上がらないと思います。少なくとも、シャドーイングと比較すると効率は悪いのではないかと思います。

　ディクテーションは、音声知覚を行うトレーニングです。音声知覚とは、英語の音を耳がキャッチし、知識データベースに格納されている単語の音データを取り出すというプロセスでした。

　音源を聞いて、聞こえた単語を書き出すトレーニングですので、まさに音声知覚のみを集中的に行っていると言えます。

それなのになぜ、ディクテーションはリスニング力向上の効果が薄いのでしょうか？

それは、負荷が、シャドーイングと比較してきわめて小さいからです。ディクテーションは、聞いた音を単純に書き取るというプロセスであるのに対して、シャドーイングは聞き取った音を**同時に口から発音する**というトレーニングです。

トレーニングという観点からは、シャドーイングのほうが効果的であると言わざるをえません。

音声知覚のレベル確認に最適なツール

それでは、ディクテーションをする必要がないのかというと、実はそうではありません。ディクテーションは、**自分の音声知覚のスキルがどの程度なのかを見きわめる**のに、最も適しています。

ディクテーションをすると、自分がどこで、どういった理由で音声知覚ができていないのかが非常によくわかります。

たとえば、ある音声を聞いてディクテーションをしたら、下記のようになったとしましょう。

1　He is the famous _en?___ whom I wanted to meet.
2　We need to put ___?___ the meeting till tomorrow.

英語を科学する──リスニング編

Chapter 3

これに、実際の解答を追加したのが下記です。

1　He is the famous <u>entrepreneur</u> whom I wanted to meet.
2　We need to put <u>off</u> the meeting till tomorrow.

　仮に、聞き取れなかった部分（entrepreneur）の単語自体を知らないとしましょう。そうすると、音声知覚ができていない原因は、単語力の欠如であると推定できます。であれば、リスニング力を上げるためにすべきことは、シャドーイングではありません。単語の暗記です。単語力が欠如していることが理由で音声知覚ができておらず、その結果リスニングができていない、こういった分析が可能になるのです。
　それでは、2はいかがでしょうか？　「off」は知っている。意味も読めば理解できるとしましょう。でも書けなかったということは、何らかの理由で、音声知覚ができていないということです。この場合だと、おそらく音の変化に対応できていないことが理由でしょう。音の変化のルールをまず確認し、そのトレーニングをするのが最善の方法であるというのがわかります。
　このように、**ディクテーションはリスニングにおける課題の把握をするためにはきわめて有効**な手段です。

131

成長を可視化し、モチベーションをアップする

効果的な英語学習に目的思考は欠かせません。また、目的思考の英語学習をするうえで、自分の課題をある程度把握することは非常に大事です。自分の課題がどこにあるのかも把握せずに、効果的な打つ手が考えられるはずもありません。

また、ディクテーションは、自分の成長を可視化するための手段としても有効です。一度ディクテーションした結果はぜひ残しておきましょう。

まったく同じ音源で1カ月後にディクテーションをすれば、どの程度自分の音声知覚のスキルが向上しているかが把握できます。

成長を可視化するというのは、モチベーションの向上に有効ですので、ディクテーションをそれに使わない手はありません。

ディクテーションは、トレーニング自体の効果はそれほど高くありませんが、課題の把握、成長の可視化という観点では非常に有効ですので、ぜひうまく活用しましょう。

英語を科学する
——スピーキング編

Chapter 4

英語2.0学習

なぜあなたは英語が
話せないのか？

スピーキングの課題を特定する

　スピーキング力を向上させるために最も大事なことは、リスニングと同様、なぜ現状英語が話せないのか？　を理解することです。言い方を換えると、現在のスピーキングにおける課題は何なのかを理解する必要があります。

　スピーキングが十分にできない方は、どのような原因を想像するでしょうか？

　・今まで英語を話す機会が少なかったから
　・単語力がないから
　・使える表現が少ないから

　人それぞれ違う原因を想像すると思いますが、リスニングと同様、スピーキングも論理的に課題を分析していきましょう。

英語を科学する —— スピーキング編

Chapter 4

　まず、スピーキングができない理由は大きく2つに分かれます。

　①リスニングができていないからスピーキングができない
　②スピーキング力が低い

　当たり前のように見えますが、まず自分はどちらが理由でスピーキングのパフォーマンスに課題を抱えているのかを理解しましょう。
　スピーキングは、リスニングありきです。相手が言っていることが理解できない状況で、会話ができるはずはありません。
　英会話をするうえでの必要条件として、リスニングができる、すなわち相手の言っていることが理解できるというのがあります。
　リスニングに課題があるために英語を話すことができていない人が、どれだけスピーキングのトレーニングを積んでも効果は薄いです。そういう方は、まずリスニングやリーディングなど受容スキルのトレーニングを積むほうが効果的です。
　スピーキング力が低いという方は、さらに課題を深掘りしていく必要があります。

スピーキング時の脳のプロセス

　そのためにもまず、スピーキングをしているときの脳のプロセス（フレームワーク）について確認しましょう。

　スピーキングをしているときの脳の中では、大きく３つのプロセスが行われています。

　①概念化
　②文章化
　③音声化

　まず、頭の中で何を言おうか考える**概念化**というプロセスがあり、それをもとに英語の文章を作る**文章化**というプロセスがあります。最後に文章化した英語を口から発音する**音声化**というプロセスです。

　どんな人でもこの３つのプロセスを瞬時に行うことにより、英語を話しているのです。

　概念化に関しては、特に説明は必要ないでしょう。

　文章化は、概念化したイメージ（言いたいこと）をもとに英語の文章を頭で作るのですが、その際、知識データベースに問い合わせをし、単語データや文法データ、例文のデータなどを取ってきて文章を作っています。

英語を科学する —— スピーキング編

Chapter 4

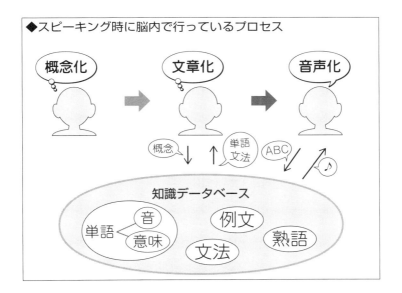

さらに、音声化するときも、文章化した英語の音データを知識データベースに問い合わせ、それをもとに口から発音しているのです。

少し複雑ですが、このような流れでスピーキングは行われています。

スピーキングの効果的なトレーニングを考える際には、この3つのプロセスに分けて、どこが自分にとって一番の課題であるかをまず考える必要があります。

例文暗記でスピーキングは
できるようにならない

> 文章化には、2種類の方法がある

　英語で言いたいことはあるのに（概念化はできているのに）、英語の文章が出てこない（文章化ができない）という方は多いと思います。そういう方は当然、文章化に課題があります。

　文章化が苦手な場合、**多くのビジネスパーソンが犯してしまいがちなミスが、例文暗記という方法**です。

　これはある程度の効果はあるのですが、劇的な効果があるとは言えないトレーニングです。しかし、書店に行けば大量の例文集が売られており、それを覚えることに時間を費やしている方が多いというのもまた事実です。

　例文暗記の効果がなぜ高くないのかを、理論に基づいて説明しましょう。

　まず、文章化するときは、大きく分けて2種類の方法で行っています。

英語を科学する —— スピーキング編

Chapter 4

①例文で文章化
②単語＋文法で文章化

「例文で文章化」とは、何か言いたいことがあるときに、知識データベースにある例文を取ってきて、英語の文章を作る方法です。具体的には下記のような会話です。
〔例文で文章化の例〕
　相手：How are you doing?
　私　：I'm good. How are you doing?

　私は、「How are you doing?」と聞かれると、多くの場合に「I'm good. How are you doing?」と返します。
　英語を話しているので、当然、「概念化→文章化→音声化」というプロセスを辿ってアウトプットしているのですが、このときに、I、am、good といった単語をつなげて文章を作っているわけではありません。
　そうではなく、「I'm good. How are you doing?」という決まりきった例文を、私の知識データベースから取り出して、発音しているのです。
　一方、「単語＋文法で文章化」するというのは、知識データベースにある単語を、文法の知識に従って並べて文章を作る方法です。下記の具体例を見てください。

〔単語＋文法で文章化の例〕

相手：What did you do yesterday?

私 ：I went to the Chinese restaurant which is really popular among young people.

　こちらは、例文の知識を使って文章化しているわけではないというのがおわかりいただけると思います。

　例文ではなく、私が知っている単語を、文法の知識に従って並べて文章を作っているのです。

　これが２種類の文章化です。英語を話しているときに、どちらの方法で文章化しているかを考えている人などいません。しかし、頭の中ではまったく違うプロセスで英語を話しているのです。

　ここで考える必要があるのは、どちらの方法が大事なのか？　ということです。これは人それぞれのレベルや使う場面にも依存しますが、多くのビジネスパーソンにとっては、例文だけで仕事に対応できるほど甘くはないと思います。

　それどころか、ほとんどのスピーキングは、単語と文法を使って文章化していると考えるのが自然です。

　そうすると、鍛えるべき文章化の力は、例文ではなく、単語＋文法のほうということになります。この力は、口頭英作文というトレーニングで鍛えることができます。

英語を科学する——スピーキング編

Chapter 4

「単語＋文法」で文章化する力の鍛え方

「単語＋文法」で文章化する力をつけるには、市販の本だと『CD BOOK　どんどん話すための瞬間英作文トレーニング』（森沢洋介著、ベレ出版）がオススメです。

　基本的なコンセプトとしては、非常にかんたんな日本語を、どんどん口頭で英語に訳していくというトレーニングです。きわめてシンプルなトレーニングですが、くり返しトレーニングを重ねると、徐々に文章化の力が向上しているのが実感できるでしょう。

　このトレーニングをすると、「本当にこんなかんたんな文章で効果があるの？」「もっとむずかしい文章を使ったほうがいいのではないか？」と思う人が多いのですが、まったくそんなことはありません。

　ここでもまた、目的思考が重要です。このトレーニングは単語を覚えるためのトレーニングではありません。**知っている単語をいかにスピーディーに並べて文章化できるようにするか**というトレーニングなのです。

　仮にこむずかしい単語が入り込んでいると、単語のほうに頭を使ってしまい、肝心の文法（単語の並べ方）に意識がいきづらくなってしまいます。

141

継続すれば必ず力がつく

　このトレーニングは、非常に効果が高いトレーニングなのですが、くり返し行うことが重要です。この本を1周したぐらいではほとんど効果はないと思ったほうが正しいと思います。トライするのであれば、少なくとも5〜10周ぐらいはしたほうがよいです。

　ただ、単調なトレーニングなので飽きてしまう可能性が高いというのが難点です。

　単調で飽きやすいトレーニングは集中力を保つのがむずかしく、学習生産性が下がってしまいがちです。一度のトレーニングは30分でいったん休憩をはさんだり、友人と進捗を報告し合ったりという方法で、飽きない仕組みづくりをすることも重要になってきます。

　根気強く続けると、必ず力がつく方法ですので、文章化でつまずいている多くの方にオススメです。

英語を科学する —— スピーキング編

Chapter 4

オンライン英会話で英語思考を身につける

> 実は重要な「概念化」

　順番が前後しましたが、次に概念化についてお話ししたいと思います。概念化とは、頭の中で何を言おうか考えるプロセスです。英語力の強化という観点では概念化は軽視されがちなのですが、実は非常に重要です。

　特に、**大人になってから英語を勉強している方は、英語の考え方というものが身についていないため、どうしても日本語のように考えてしまう**のです。

　たとえば、日本語は起承転結といわれるように、結論が最後にくる話し方がふつうに行われます（もちろんビジネスの現場では結論ファーストで話すこともあると思いますが）。

　英語で話す場合にこの考え方を踏襲してしまうと、**英語が格段に伝わりにくくなってしまう**ことが往々にしてあります。

　次のようなシンプルな文章でも、日本語と英語の違いは顕著です。

［日本語］

　アジア企業の成長率は今後 10 年間でさらに伸びること
が予想されるので、**われわれはアジア企業に投資すべき
だ。**

［英　語］

　We should invest in Asian companies since their
growth rate will increase in the next 10 years.

　日本語では、結論が最後にくるほうが自然ですが、英語だ
と結論が最初にくるのが自然です。
　このように**英語を話すときは結論ファーストで述べ、その
後に理由を述べるというクセをつけることが大事**です。
　そこで活用できるのがオンライン英会話です。オンライン
英会話は月 5,000 円程度で毎日英会話ができるので、非常に
コストパフォーマンスの高いサービスです。英会話レッスン
は練習試合として活用すると紹介しましたが、使い方によっ
ては概念化を強化するトレーニングとしても活用できます。

英語思考を身につけるためのオンライン英会話活用法

　「英語思考を身につける」、言い方を換えれば「英語の論理

英語を科学する──スピーキング編

Chapter 4

で話す習慣を身につける」ためにオンライン英会話を使用するなら、下記の3ステップがオススメです。

STEP 1　フリーカンバセーションコースを選択する

オンライン英会話は、各社いろいろなコースやプログラムを用意していますが、フリーカンバセーションコースを選びます。また、あるトピックについてディスカッションするコースがあれば、そちらを選んでも問題ありません。

STEP 2　レッスン冒頭で講師に期待することを伝える

まず、レッスン冒頭で、今日はあるトピックに基づいてディスカッションしたいこと、そして自分の意見に対して深掘りの質問をしてほしいことを明確に伝えます。

ここが非常に重要で、多くの方はなんとなくの流れで講師に言われるがまま自己紹介をして、そのままレッスンに入ってしまっていると思います。**オンライン英会話のレッスンを効果的にするためには、レッスンの方法をあなた自身がコントロールする必要がある**のです。

たとえば、下記のように伝えましょう。

　　Hi Linda, how are you doing? I'm Shunta. Today I'd like to discuss technology in the future with you. I

145

would like to tell you my opinion first. Afterwards, would you mind asking me some questions related to this topics? I'd like to practice expressing my opinions today. Does this work for you?

（リンダさんこんにちは。調子はどうですか？　私はシュンタといいます。今日は将来のテクノロジーについて議論したいと思っています。私がまず自分の意見を述べます。その後、私の意見について質問していただきたいです。今日は自分の考えを表現する練習をしたいと思っているのですが、このやり方でよろしいでしょうか？）

このような導入をせずに、自己紹介と趣味の話だけで30分が終わってしまった経験がある人は少なくないはずです。

オンライン英会話は意味のある話ができず効果が薄い！と言うのではなく、どのようにすればオンライン英会話を効果的に使えるかを考えましょう。もし、レッスン中に発音を指摘してほしいなら、下記のように伝えましょう。

Could you point out any words that I mispronounce? That would be really helpful to me!

（もし、発音が誤っているところがあれば、ご指摘いただけるととても助かります！）

英語を科学する —— スピーキング編

Chapter *4*

STEP 3　自分の意見を述べるときはフレームワークを使う

　英語思考を身につけるためには、初期は無理やりにでもそれを自分に強いる必要があります。

　なんとなく結論ファーストで述べよう、では、結局いつも通りの自分の話し方になってしまいます。

　1つの方法は**自分が何かを発言するときはいつでも結論と理由3つを述べると決める**のです。

　No companies will survive without using technology in the next 10 years. I have three reasons for that.
　First, xxx.
　Second, xxx.
　Finally, xxx.
（今後10年でテクノロジーを活用せず、生き残る企業はないでしょう。それには3つ理由があります。1つ目の理由は〜です。2つ目の理由は〜です。最後の理由は〜です）

といった具合です。極端に言うと、下記のような会話になる可能性もあります。

　講　師：What kind of movies do you like?
　あなた：Well, I like love comedy the best. I have three

147

reasons for that.

First, xxx.

Second, xxx.

Finally, xxx.

（「どんな映画が好きですか？」「えっと、ラブコメディが一番好きです。3つ理由があります。1つは〜です。2つ目は〜です。最後は〜です」）

　たいへん違和感がありますが、これぐらい徹底するのです。実際の会話でこれをやると変ですが、相手は画面の向こうにいる講師なので、そこに恥ずかしさを感じる必要はありません。最初は違和感がありますが、ずっと続けていると少しずつ慣れてくるのでぜひ試してください。

むずかしい日本語をそのまま文章化しない

　また、最終的に目指す姿としては、言いたいことを英語で考えて、英語で話すというのが理想です。

　一方で、まだ初心者〜中級者の方は、英語で話す前に日本語でまず言いたいことを考えて、その後それを英語に直すというプロセスをたどっている人も多いと思います。

　見方を変えると、概念化は日本語でして、文章化を英語で

英語を科学する —— スピーキング編

Chapter 4

行っている状態です。これは**初心者にとっては致し方ないことなので、それを受け入れたうえでどのように英語力を向上させるかを考えます。**よくある課題としては、**日本語で概念化するときにむずかしい日本語で考えすぎて、英語の文章にすることができない**というものです。

　文章化の能力は、日本人がどれだけ努力しても、日本語の文章化力を超えることはむずかしいです。そうすると、概念化の時点でむずかしいことを考えていると、それに文章化の力が追いつかず、結局何も言えないということになってしまうのです。具体的には下記のような状態です。

　［日本語での概念化］
　　栄養のバランスがよい食事を、できるだけ継続して取ろうとしている。

これを瞬時に英語に直すのは、むずかしいかもしれません。

　［英語での文章化］
　　I'm trying to eat nutritious food ...

一方、次のような文章であればいかがでしょうか？

149

[シンプルな日本語での概念化]

毎日ヘルシーな食事を食べている。

[英語での文章化]

I eat healthy food every day.

これであれば、かなり難易度は下がるはずです。それでも、伝えたいことは基本的には変わりません。

さらにいくつか例をあげますので、シンプルな日本語に置き換える練習をしてみましょう。

[日本語での概念化]

英語をもっと一生懸命勉強したら、今よりさらに質の高い仕事ができるだろう。

[シンプルな日本語での概念化]

英語を勉強することは、私の仕事の質を上げる。

[英語での文章化]

Studying English will improve the quality of my work.

英語を科学する —— スピーキング編

Chapter 4

[日本語での概念化]
　急激な人口減少は労働力が減ることにつながり、それは日本経済に深刻な影響を与えるだろう。

[シンプルな日本語での概念化]
　人口が減ることは、日本経済にネガティブな影響を与える。

[英語での文章化]
　The decrease in population will have a negative impact on the Japanese economy.

[日本語での概念化]
　私が経営する会社は、事業を急拡大させるため、人材の大量採用を行った。

[シンプルな日本語での概念化]
　われわれは、さらに成長するため多くの人を採用した。

[英語での文章化]
　We hired a lot of people to grow.

いかがでしたでしょうか。このようにシンプルな日本語に
置き換えることで、文章化はかなりしやすくなります。

オンライン英会話をストック型の学習にする

　日本語で概念化するときに、日本語がむずかしすぎて文章
化でつまずいているというケースが多くありますので、その
ような場合、オンライン英会話が終わったあとにぜひやって
いただきたいことがあります。

　まずエクセル（Google スプレッドシートでもよい）の列に、
言いたかったが言えなかったことを記入します。次に１つ右
の列に、それをシンプルな日本語に言い換えたものを記入し
ます。最後にもう１つ右の列に、それを英訳したものを記入
するのです。

　これをオンライン英会話のレッスンのあとに１つか２つ書
き入れていってください。

　これを継続するとシンプルな日本語で考えるクセが徐々に
身につきます。また、やりっ放しのオンライン英会話ではな
く、学びが蓄積されていくストック型の学習に変わります。
次ページにサンプルシートを載せますので、こちらを参考に
オリジナルのストックファイルを作り、ぜひ活用してくださ
い。

英語を科学する──スピーキング編

Chapter 4

◆学びが蓄積されるシンプル表現変換表

言いたかったが言えなかったこと	シンプルな日本語	左記の英作文
シンガポールを拠点にアジアのいろんな国へ旅がしたい。	シンガポールに住み、近くの国に行きたい。	I want to live in Singapore, and go to nearby countries.

153

オンライン英会話で
講師の発音は気にするな

話をしっかり聞いて深掘り質問をしてくれる講師がいい

　オンライン英会話は、講師の発音がネイティブではないと気にされる方が多いですが、Chapter 2でもふれたように、**講師の発音がネイティブである必要はまったくありません。目的思考で考えると当然**で、オンライン英会話は、「アウトプットすることで練習試合をしている」、もしくは「概念化を鍛えるためのトレーニング」です。同時にリスニングもしているので効果がゼロではないのも事実ですが、副次的にリスニング力が鍛えられればラッキーという程度のものです。

　講師の国籍も提供会社によって違いますが、多くはフィリピン人です。感覚的には、フィリピン人講師の発音は95%以上問題ありません。発音が悪すぎて理解できないレベルでは問題ですが、そうでなければ問題ありません。極端な話、**講師は日本人でも問題はないのです。話をしっかり聞いてくれて、適切な深掘り質問をしてくれる人**なら支障ありません。

英語学習を
継続する仕組み

Chapter 5

英語
2.0
学習

コツコツ学習では
一生英語はできない

「コツコツ」より「3カ月短期集中」

　ここまでは、学習生産性に焦点を当てて、どのようにすれば英語学習を効率的に行うことができるのかを解き明かしてきました。Chapter 5 では、投下時間を最大化するためにはどうすればよいのかということについて説明していきます。

　さて、日本人の美徳として、「毎日コツコツずっとやりつづけることがすばらしい」というのがあります。

　英語の学習も1日5分でいいのでコツコツ続けることが大事だ！　といった意見もあります。

　しかし、本当に英語を身につけたいと思うならば、3カ月程度の短期間で、集中的に英語学習をしたほうが圧倒的に効果的です。

　英語は、短期間で完全に身につくかというとそんなことはありません。英語力は、目指せば永遠に向上させることができるスキルですので、短期間英語学習をしてそれで終了！

英語学習を継続する仕組み

Chapter 5

といったものではないのも事実です。

それでもなお、短期間で集中的に学習したほうがよい理由は３つあります。

短期集中がいい理由１・人生は短い

言わずもがなですが、人生は非常に短いです。仮にあなたが35歳だとすると、ビジネスパーソンとしてあなたが仕事をするのは、残り30年ぐらいでしょうか？

その30年間のうち、**英語を話せる期間は長ければ長いほどよいに決まっています。**

仮に、英語を身につけるのに1,000時間の学習が必要であると仮定しましょう（本来は人それぞれですし、学習の質により大きく影響を受けますが、いったん時間のみに英語力の伸びが依存するとします）。

あなたがもし１日に３時間の学習時間を確保したとすると、1,000時間の学習をするのに、約１年かかります。

一方、１日20分の学習なら、1,000時間の学習をするのに約８年かかるのです。

前者だと、30年間のうち29年間は英語ができる状態で仕事ができる一方で、後者の場合22年間しか英語ができる状態で仕事ができません。

157

短期集中がいい理由２・効率がよい

　合計で同じ時間を英語学習に費やすとすれば、短期で集中的に学習したほうが、長期間にわたってゆっくり学習するよりも、はるかに学習効率は上がります。

　マッキンゼーのコンサルタントは、入社２年もすると世の中でもトップクラスのビジネススキルを身につけ、一流企業の役員たちと対等に仕事をするようになります。

　おそらくマッキンゼーの社員は入社３カ月で、20年間仕事でエクセルを使っている多くの人よりも、はるかに速いスピードでエクセル分析ができるようになります。

　このように多くのスキルは長期にわたってゆっくり身につけるよりも、短期でやったほうが効率もよいのです。

　人生経験などの時間を速めることはむずかしいですが、スキルの習得スピードはやり方によっていくらでも縮めることができるのです。

短期集中がいい理由３・成功体験が継続を生む

　英語力は、一朝一夕で身につくものではありません。英語を本当に身につけるためには、長期的に英語と向き合う必要があります。

英語学習を継続する仕組み

Chapter 5

　あとでくわしくお話ししますが、そのため、「**モチベーションの維持」が非常に大事になってくる**のです。モチベーション維持の１つのキーワードとして、「**成長実感**」というものがあります。**人間は苦しいものを続けるにあたって、「自分は成長している」ということを感じる必要がある**のです。

　苦しいし、成長も感じないものを続けられるほど、人間は強くありません。

　少しずつ学習をしていると、いつまでたっても成長実感を感じることができません。コツコツ学習をする一番のデメリットはここにあります。

　英語学習をしている人のほとんどがこの状況に陥ってしまっていると思います。

　一定期間英語学習に取り組んでも、思ったような成果が出ない。そうするとモチベーションを失って、英語学習をやめてしまうのです。

理想は３カ月間、毎日３時間

　英語学習を継続するためには、まず短期での成功体験が大事です。理想は３カ月間、毎日３時間の学習をすることです。

　これにより、**一定の成功体験を積む**ことができます。そうすると、「**もっと英語力を向上させたい！**」という気持ちに

159

なって、さらにまた３カ月がんばることができるのです。

　これをくり返すことができれば、英語力はどんどん伸びていきます。

　ちなみにマッキンゼーのプロジェクト体系を振り返ると、基本的に同じ型であることに驚きます。

　私がマッキンゼーで仕事をしていたころは、各プロジェクトの標準的な期間は約３カ月でした。３カ月間、製薬企業のプロジェクトを全うすると、次の週からはまったく別のプロジェクトにアサインされます。それをずっとくり返していくのです。

　マッキンゼーでの仕事は非常にハードだったので、つらいと感じる瞬間もあったのですが、「この３カ月だけがんばろう」と思うとなんとかなるのです。今考えると、非常にうまいなと思うのですが、３カ月で区切ることにより、一人ひとりのコミットを引き出しているのだと思います。

　マッキンゼーの人は、成長スピードが異常に速いといわれます。３カ月のプロジェクトだからなんとかがんばろうと思いながら、４つのプロジェクトが終わると、実は１年がんばりつづけているのです。１年間、モウレツにがんばっているので、どんどんビジネススキルがついていくのです。

　英語学習においても、期間を３カ月程度に区切るというのは非常に効果的な方法です。

英語学習を継続する仕組み

Chapter 5

三日坊主で終わらないための3条件

モチベーションを持続するための3つの条件

　3カ月間であっても、1日3時間の学習となると、そうかんたんにできるものではありません。戦略がない状態で学習を開始すると、どこかで「まあ、いっか」と勉強をやめてしまうことになりかねません。

　それを防止するためには、「人はどういう状態であれば学習を継続することができるのか？」というのを知ることが有効です。

　モチベーションを持続するための3つの条件があります。これは、プログリットを提供する中で導き出した経験則です。

　①目標設定が適切であること
　②英語学習の方法に納得していること
　③成長実感があること

161

この3つの条件がすべてそろっていれば、英語学習が継続できない人はほとんどいません。

逆に、この条件のどれか1つでも欠けていると、途中で英語学習をやめてしまう確率が高くなります。

条件1・目標設定が適切であること

モチベーションを継続するために、最も大事なことが、目標設定です。

目標設定が曖昧なまま英語学習をスタートすると、ほぼ100パーセント挫折してしまいます。なぜなら英語学習はそんなに楽なものではないからです。

1日2時間～3時間の英語学習は、時折つらいと感じる瞬間もあるでしょう。そうなったときにも、**自分にとって重要度が高い目標がしっかり設定されていれば、継続率は上がる**のです。

適切な**目標設定をするうえで有効な、SMARTというフレームワーク**がありますのでご紹介します。

S：Specific（具体的な）

目標設定は、曖昧にしては意味をなしません。誰が見てもわかるように「具体的な目標設定」をすることが大事で

英語学習を継続する仕組み

Chapter 5

す。

　たとえば、「英語が話せるようになる」という目標は非常に曖昧で、「話せるようになる」の定義が明確ではありません。具体的にどのレベルで「話す」ことをイメージしているのかを設定することがポイントです。

　たとえば、「いつもミーティングで話すJamesの英語が、すべて理解できるようになる」などは、非常に具体的です。

M：Measurable（測定可能な）
「測定ができる」というのも重要な要素です。たとえば「TOEIC 800点を取る」は、当然、測定可能で、目標設定として優れています。

A：Achievable（達成可能な）
　目標が「現実的である」というのも重要です。いま、まったく英語ができない人が、「3カ月後にペラペラになる」という目標を立てても意味がありません。それよりも、「1カ月で中学校の文法をすべてマスターする」としたほうが、現実的でモチベーションが継続します。

R：Related（関連のある）
「自分の人生や価値観に沿っている」ということも大事な

ポイントです。

　たとえば、「TOEIC なんてただのテストだからまったく意味がない」と思っている人が、「TOEIC で満点を取る」という目標を立ててもうまくいきません。自分にとって意義がある目標を設定してください。

T：Time-bound（時間制約のある）

「時間的な制約」をつけることも忘れてはいけません。同じ目標でも、3 カ月で達成するのか、1 年で達成するのかで、やるべきことはまったく異なってきます。

　目標が明確でなかったという人は、以上の SMART というフレームワークを使って、英語学習を始める前にもう一度、目標を見直してみるとよいと思います。

条件 2・英語学習の方法に納得していること

　次に大事になってくるのが「納得感」です。現在、英語学習をしている人は、自分の学習法にどの程度、納得できているでしょうか？　「この学習を続ければ、絶対に英語力が伸びる！」と、どの程度確信が持てているでしょうか？

　英語学習の継続にはこの確信を持つということが重要です。

英語学習を継続する仕組み

Chapter 5

「本当に今やっている学習方法でよいのかなあ？」
「もっと効率のよい学習法はないかなあ？」

このように少しでも思ってしまうと、英語学習を継続するのは困難です。こういう方は書店に何度も通って、英語学習本だけが家に増えていく、という状況に陥っているはずです。

最近は、英語学習本も多数出版されていますし、ネットを検索すると、あらゆる英語学習法が紹介されています。その中で、どのようにすれば学習法に納得して英語学習を進めることができるのでしょうか？

ありがちなのは、どこかのブログで見た方法でトライしてみるというものです。これは、一番挫折しやすいので、注意が必要です。そこに根拠がないものは、人はどうしても信じきれないものです。そうすると、またほかのブログを見てその方法に乗り換える、ということをくり返してしまいます。

前述したように、そのブログを書いた人には劇的に効果のあった勉強法が、あなたにも合うとはかぎりません。

それよりも、Chapter 3やChapter 4で紹介したように、「自分で自分の課題をしっかり把握し、それに対応する学習法を作成する」ほうが、「自分に合った」プログラムでもあり、納得できるものになるはずです。ぜひ本書を参考に、納得して学習を進めていただけたらと思います。

条件3・成長実感があること

3つ目は「成長実感」です。

適切に目標設定をし、学習の方法に納得していると、一定期間はがんばれると思いますが、「成長実感」がないと、そう長くがんばりつづけることはむずかしいのが現実です。

人間は、成長していることを認識できれば、さらにがんばろう！　というパワーがわいてくるものです。**成長実感を得るために一番かんたんなのは、テストを受験すること**です。

日本人にとって最もメジャーなテストである TOEIC は、非常にすぐれたテストですし、スピーキング力を測るという目的なら、前述の VERSANT® もオススメです。

こういったテストを定期的に受験することにより、ご自身の英語力を定点観測することができ、成長を可視化することができます。

テスト以外の方法で、成長実感を意図的に作りだすことも可能です。英語力を可能なかぎり数値化して、それをエクセルなどで記録していくのがよいでしょう。

たとえば、Chapter 3で紹介した、**WPM（Words Per Minute）**は、「1分間に何ワード読めるのか」というリーディングのスピード指標でした。リーディングする題材の単語数と、それを読むのにかかった時間を測定し、割り算すれば求めるこ

英語学習を継続する仕組み

Chapter 5

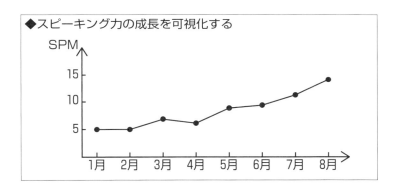

とができます。

また、**SPM（Sentences Per Minute）** という指標を使えば、**スピーキングの能力を数値化することも可能**です。これは、「1分間に何センテンス話せるか」というスピーキングのスピード指標です。オンライン英会話をするときに自分の声を録音しておき、あとで数えれば測定できます。

このような指標を定期的に測っておき、エクセルで下の図のようにグラフにすれば、視覚的にも自分がどの程度成長しているのかが一目瞭然(りょうぜん)です。

以上、3つの条件を自分が満たすように意図的に仕向けていくことが重要です。この3つが常にイエスの状況を作っておけば、**英語学習に挫折するということはほとんど起こらない**と思います。

167

忙しいあなたが
1日3時間作る方法

理想の学習時間は、1日3時間

　短期間で英語力を伸ばすために学習すべき量や時間は、人により異なります。

「どのレベルを目指すのか？」と「現在どのレベルなのか？」のギャップの大きさによります。

　また、「仕事は何時間なのか？」「睡眠時間はどの程度必要なのか？」などによっても可能な学習時間は異なってきます。

　プログリットではこれまでに、3,000人以上のビジネスパーソンの英語力向上に向き合ってきましたが、その中でわかってきたのは、多くの人にとって1日3時間の学習が理想的だということです。

　1日3時間の学習をすれば、短期間でも確実に英語力が向上しますし、多忙な方でも不可能な時間ではないということもわかりました。短期間で英語力を向上させるのであれば、少なくとも1日2時間はほしいところです。

英語学習を継続する仕組み

Chapter 5

1日3時間を生み出す時間術

「1日3時間の学習は可能でしょうか？」
この質問をすると、ほとんどの方はこのように答えます。
「仕事がかなり忙しいので、さすがに1日3時間は厳しいと思います」

あなたも同じように思ったかもしれません。しかし、私たちの経験からすると、**やり方を工夫すると1日3時間は可能**です。

実際、平日はほとんど毎日会食をしているような経営者の方や、コンサルティング会社で土日も働いているような方でも、1日3時間の学習ができているのを目の当たりにしてきました。

では、どのようにすれば1日3時間の学習時間を作ることができるか説明しましょう。

①ゼロベースでスケジュールを考える
②起きる時間ではなく、寝る時間を決める
③スキマ時間に頼らない

時間術１・ゼロベースでスケジュールを考える

　１日３時間の英語学習をしようとすると、多くの人はこのように考えます。

「朝８時に起きて、９時から仕事に行って、帰ってくるのが22時だから、英語を勉強するなら、家に帰ってきてからの３時間かなあ……」

　これは何がいけないかというと、「既存のスケジュールをベースに考えてしまっている」ことです。

　まず現在の起床時間、仕事時間、食事時間などありきで、スケジュールを立ててしまっていることに問題があります。

　これではほとんどの方は、「夜帰ってきてから寝るまでの間にがんばるしかないな」という結論にいきつきます。

　今まで存在していなかった３時間をそのまま自分の予定に組み込むのですから、必ず無理がきます。

　１日24時間という有限なものに、新しく３時間追加するのですから、何かを減らす必要があります。

　このときに、ゼロベースでスケジュールを考えるというのが有効なのです。

英語学習を継続する仕組み

Chapter 5

　具体的には、下記のような質問を自分に投げかけます。

・そもそも自分は、何時間睡眠時間が必要なのか？（睡眠時間を減らすと集中力が落ちるのでオススメしません）
・何時に起きるとベストなのか？
・そうすると何時に寝るべきか？
・仕事時間は本当に今働いている分だけ必要なのか？

　このような質問をすることで、英語学習の3時間だけでなく、**24時間のすべての使い方を見直す**のです。
　そうすると、必ず優先順位の低い不必要な時間が出てくるはずです。
　中でも、**仕事時間は1日の時間の中で占める割合が大きいので、可能なかぎり最適化できないか考えるべき**です。

・いつも行っているエクセル作業は本当に自分がする必要があるのか？　誰かにお願いできる仕事ではないのか？
・エクセル作業の自動化はできないのか？
・ミーティングのために作っている資料は本当に必要か？
・パワーポイントで作っている資料は手書きではだめなのか？
・メールの返信は、もっと速く終わらせることはできない

のか？

・自分が発言することのないミーティングに、参加する必
要はあるのか？

　など、**仕事の効率を上げるためにできることをすべて考え
る**のです。仕事ができる先輩に聞いて、効率のよい仕事の仕
方を教わるのもよいかもしれません。

　とにかく、**今の自分の効率性や仕事時間を固定のものであ
ると考えずにゼロベースで考えてみることが重要**です。

仕事を効率化する Tips

　ご参考までに、マッキンゼー時代に私がやった効率化の具
体例をいくつか紹介します。

　ビジネスパーソンが最もよく使用するエクセルの用途は、
おそらく集計作業ではないかと思います。何らかのデータが
あり、それを合計したり、平均を計算したり。

　こういった作業をルーティーンで行っている場合は、確実
に自動化可能です。エクセルというツールは今でも多くのビ
ジネスパーソンが時間を共にしているツールですが、なかな
かそれを効率的に使いこなしている人は少ない印象です。

　基本的な関数を覚え、その使い方をマスターすれば、今行っ

英語学習を継続する仕組み

Chapter 5

ている作業を自動化することはむずかしくありません。基本的な関数とは下記です。

・SUM 関数
・AVERAGE 関数
・SUMIFS 関数
・COUNTIFS 関数
・VLOOKUP 関数

　これらでエクセル作業の 80% ぐらいは自動化できるのではないかと思います。最近ではエクセルに関する書籍も数多く出版されていますし、私の友人の長内孝平氏（おさないこうへい）が運営している「おさとエクセル」という YouTube チャンネルもわかりやすく参考になります。これらの基礎的なことを教えてくれるセミナーなどに参加してみるのもよいかもしれません。
　また、メールの返信については、最近では使用している方が多いと思いますが、Windows や Mac にデフォルトで入っている入力ツールではなく、「Google 日本語入力」という Google が開発した日本語入力ソフトを使うとかなり便利です。
　特に、単語登録という機能を使えば、「平素よりお世話になっております。株式会社 GRIT の岡田です。」といった定

173

型文は、「へい」と入力すれば自動で入力できるように設定することも可能です。

それ以外にも、「メール返信の時間を決める」というのも有効です。メールがくるたびについついメールの返信をしてしまいがちですが、人間はいったん集中力が切れると、それを回復するのはかんたんではありません。

カリフォルニア大学アーバイン校で情報科学を研究するグロリア・マーク氏の研究では、**集中した状態で、それをさえぎるような刺激を与えられると、ふたたび集中した状態に戻るまでに23分必要**だそうです。細かくメールチェックをするのをやめるだけでも、仕事の効率は上がるはずです。

時間術2・起きる時間ではなく、寝る時間を決める

ゼロベースで英語学習のスケジュールを決めると、みなさんが気づくことがあります。それは、**朝に学習することが現実的である**ということです。

仕事前に1〜2時間の学習ができれば、英語学習を継続できる可能性がグッと高まります。

また、英語学習は、**トレーニング中の集中力により効率が大きく変わってきます。**その観点でも、仕事で頭が疲れている夜に英語学習をするよりは、頭がすっきりしている朝に実

英語学習を継続する仕組み

Chapter 5

施するほうが適切です。

たとえば、朝9時に仕事が始まり、通勤に30分かかると仮定すると8時30分には家を出る必要があります。

1日2時間、朝に学習しようとすると、遅くとも6時には起きる必要があります。身支度が1時間かかる方だと、5時30分には起きる必要があります。

英語学習を始めると、みなさん張り切って「5時30分に起きるぞ！」と奮起するのですが、**多くの方に起こる問題は、寝坊です（笑）。**

5時30分に起きるというのは、かんたんなようでなかなかむずかしい。眠たいですからね。

では、どうしたらよいのかというと、**起きる時間を決めるのではなく寝る時間を決める**のです。

睡眠時間が6時間必要な方なら、「5時30分に起きる！」と決めるのではなく、「23時30分には寝る！」と決めるのです。

これはそんなにむずかしいことではありません。**23時30分に寝るために、仕事を終わる時間や、飲み会から帰る時間も決める**のです。

23時30分に寝ることができれば、人間の必要な睡眠時間はある程度決まっているので、5時30分に起きることはむずかしいことではありません。

175

ほとんどの方は、寝る時間を変えずに起きる時間だけ変えようとするので、寝坊してしまうのです。

起きる時間ではなく、寝る時間をコントロールする。これは当たり前のようで多くの方ができていないことなので、ぜひ意識してみてください。

時間術3・スキマ時間に頼らない

Chapter 2でもお話ししましたが、スキマ時間を活用して、アプリを使って学習したり、単語を学習したりするだけで英語ができるようになるほど、英語学習はかんたんなものではありません。

サッカーがうまくなりたい場合に、スキマ時間のサッカー練習でうまくなろうとする人がいるでしょうか？　当然そんなはずはありません。サッカーの練習時間を一定の時間取るはずです。スキマ時間のトレーニングでうまくなるほどサッカーは甘くありません。

スキマ時間の英語学習が無駄なのかというと、そうではありません。少しの時間でも英語学習をすることにより確実に英語力は上がっていきます。ただ、劇的に能力が上がることがないということです。

スキマ時間の学習は、しっかり英語学習の時間を取ること

==を前提として、プラスアルファで考えるべきもの==です。

　サッカー選手でも、スキマ時間でストレッチをしたりするかもしれません。ただし、これは完全にプラスアルファですよね。

　英語学習もまったく同じです。スキマ時間だけで英語力を上げようとすると、少し無理があります。

　ただ、==スキマ時間の有効活用は無駄ではありませんし、当然プラスですので、それだけに頼らずしっかり時間を取った学習と並行して行ってください。==

予定を立てる

意気込みを予定に変換する

　英語学習を継続するうえでもう1つ大事なことは、**予定を立てる**ことです。当たり前過ぎて恥ずかしいぐらいですが、これが意外とできていないのです。

　予定といっても、**かなり細かい予定を立てることが重要**です。「今週は文法書をやろう」とか「今週は毎日30分単語を覚えよう」というのは予定ではありません。意気込みといったところでしょうか。意気込みは大事ですが、意気込みだけではできないのが人間の性です。

　そのため、**意気込みを予定に変換するプロセス**が必要になってきます。「予定を立てる」というのは、次ページの図のようなイメージです。

　ポイントは、分刻みでスケジュールを決めることです。分刻みで決まっていないスケジュールは、どんどん後ろ倒しされていきます。

英語学習を継続する仕組み

Chapter 5

◆意気込みを予定に変換した週間スケジュール

目標：半年後にテレカンで自分の意見を言えるようになる

```
今週の計画
●単語　1～200
●シャドーイング　課題1～課題3
●口頭英作文　1～70
●オンライン英会話　トピック1～7
```

	予定時間	場所	予定学習事項
4/1　月	6：00～7：00 7：00～7：30 12：00～12：30 22：00～23：00	家 家 オフィス カフェ	シャドーイング　課題1 オンライン英会話　トピック1 単語　1～200 口頭英作文　1～10
4/2　火	6：00～7：00 7：00～7：30 12：00～12：30 23：00～24：00	家 家 オフィス 家	シャドーイング　課題1 オンライン英会話　トピック2 単語　1～200 口頭英作文　11～20
4/3　水	7：00～7：30 12：00～12：30 21：00～22：00 22：00～23：00	家 家 オフィス カフェ	オンライン英会話　トピック3 単語　1～200 口頭英作文　21～30 シャドーイング　課題1
4/4　木	6：00～7：00 7：00～7：30 12：00～12：30 22：00～23：00	家 家 オフィス カフェ	シャドーイング　課題2 オンライン英会話　トピック4 単語　1～200 口頭英作文　31～40
4/5　金	6：00～7：00 7：00～7：30 12：00～12：30 22：00～23：00	家 家 オフィス カフェ	シャドーイング　課題2 オンライン英会話　トピック5 単語　1～200 口頭英作文　41～50
4/6　土	9：00～10：00 10：00～10：30 10：30～11：00 13：00～14：00	カフェ カフェ カフェ 家	シャドーイング　課題2 オンライン英会話　トピック6 単語　1～200 口頭英作文　51～60
4/7　日	9：00～10：00 10：00～10：30 10：30～11：00 13：00～14：00	カフェ カフェ カフェ 家	シャドーイング　課題3 オンライン英会話　トピック7 単語　1～200 口頭英作文　61～70

一方、**何時何分〜何時何分と決まっているスケジュールは、実施できる**のです。

　英語学習はどんどんあと回しになるのに、仕事のミーティングをあと回しにする人はいません。カレンダーに、「何時何分〜何時何分に会議室Aで○○についてミーティング」と細かく予定が入っているからです。

> 英語学習の予定も、仕事と同じようにカレンダーに入れる

　英語学習も、**仕事と同レベルの予定を入れてあげることで初めて実施することができます**。手帳を使っている人も、Googleカレンダーなどのサービスを使っている人もいると思いますが、その予定に**英語学習の予定も記入してください。**

　また、そのときに「どこの場所で、何をどの程度やるのか?」まで決めておくとさらによいです。

　重要なポイントは、自分を過信せず、これでもかというぐらい細かい予定を立てておくことです。

　そこまでできれば、**多くの人が英語学習を継続することができる**と思います。

　プログリットの受講生で、英語学習を継続してやりきれる人と途中で挫折してしまう人の差を分析すると、**予定をしっ**

英語学習を継続する仕組み

Chapter 5

かり立てているか否かというのが非常に重要な要素であることがわかります。

　ふだん多忙をきわめているビジネスパーソンからすると、「予定を立てる時間すらもったいない。そんな時間があったら、英語学習の時間に充てたい」と思う気持ちもわかります。

　ただし、そこをグッとこらえて、**5分でいいので時間を取り、予定を立てることで継続率が向上します。**だまされたと思って一度試してください。

環境を整える

周りの人をうまく活用する

英語学習を継続するうえでもう１つ大事なことがあります。それは、周りの人をうまく活用するということです。

自分ひとりでは成し遂げられなくても、周りの力があれば成し遂げられることは世の中にはたくさんあります。

英語学習も例外ではありません。

たとえば、高校時代に部活をしていた人は、同じような感覚を持つと思います。私は高校時代野球部に所属していましたが、今思い返すと、野球の練習は本当に苦しいことばかりでした。当時していた練習を今できるかと言われれば、かなり厳しいと思います。

では、なぜ高校３年間、あれだけ苦しい野球の練習を続けてこられたのか？

それは、当然、甲子園という明確な目標があったことが大きいと思います。甲子園に出たいという強い思いがあったか

英語学習を継続する仕組み

Chapter 5

らこそ、途中で投げ出さずに最後までやりきれたのだと思います。

しかし、**それと同等レベルに重要だったのが、仲間がいた**ということです。私が所属していた野球部は、1年から3年まで、合わせて100名以上が所属していました。

ふだん苦しみを一緒に味わっている仲間がいたからこそ、時にはお互いに叱咤激励をしながら、最後まで続けてこられたのです。

仮に、野球が個人スポーツで、部員が1人だったら、あれだけ厳しい練習に耐えることができたとは思えないのです。

仲間がいれば、継続率は飛躍的に上がる

仲間を作るというのは、英語学習にも応用できます。

たとえば、周りに英語学習をしたい人がいるならば、3〜5人程度集めてLINEグループなどを作り、毎日、英語学習の報告をし合いましょう。

そして、しっかりできている人には称賛を送る、というルールを作るのです。

この程度のかんたんな仕掛けを組み込むだけで、**ひとりで淡々と行う英語学習が、部活のような熱気あふれる刺激的なものへと変わる**はずです。

もし、周りに同じような志を持った人がいなくても、問題ありません。

　たとえば、「みんチャレ」というアプリを使えば、そういったグループをアプリ上で作ることができます。これなら実際に周りに仲間がいなくても、オンライン上で同様の状況を実現できます。

　プログリットのような英語コーチングスクールに通うのも1つの方法です。個々人に合った最も正しい学習方法を一から設計し、そのうえで英語学習を継続するためにプロのコンサルタントが徹底的にサポートします。

　また、会社の周りの人たちに、英語学習をすることを宣言するというのも1つの手です。

　この方法は、仲間ができるわけではないですが、宣言することにより、周りから無言のプレッシャーを受けることができます。これだけでも、ひとりでこっそり英語学習しているよりは、継続率は上がると思います。

　今の時代、ツイッターなどのSNSで英語学習の内容を発信したり、目標を宣言したりすることも可能です。

　このように、あらゆる方法で周りの力をうまく使って英語学習の継続率を上げることが可能です。ご自身に合った方法で、周りの力にも助けられながら、モチベーションを維持しつつ、英語学習を継続する工夫をしてください。

AI時代に、
英語は本当に必要か

エピローグ

飛躍的に伸びた Google 翻訳の精度

2016年秋頃、Google翻訳の精度が飛躍的に向上し、話題になりました。以前は、英語を日本語に翻訳すると不自然な文章になることが多かったですが、今ではかなり自然な文章に翻訳できるようになりました。

実際、Google翻訳を仕事で使用している人は、かなり多いのではないでしょうか。

音声入力の機能とかけ合わせれば、英語の音声を日本語の文章にすることも可能です。Google翻訳以外にも、多くの企業が翻訳や通訳のサービス・製品を発売しています。

今後、AIがさらに発達し、翻訳・通訳の精度が向上すると、世の中はどうなっていくのでしょうか？

たいへんな英語学習をしてまで、自分で英語を身につける必要もなくなっていくのでしょうか？

英語学習者は、むしろもっと増える

私は、そうではないと思います。むしろ、英語学習をする人の数は、さらに多くなるのではないかと予想しています。それには、3つの理由があります。

1つ目は、機械翻訳の精度向上により、英語にかかわる人

AI時代に、英語は本当に必要か エピローグ

の数が大きく増えることが予想されるためです。

　従来、通訳を伴って海外出張に行くことができたり、会議に参加できたりする人は、エグゼクティブ層にかぎられていました。

　しかし、もしAIの技術が発達し、機械翻訳が現在の通訳と同レベルに達したと仮定すると、多くの人が機械翻訳を使って、外国人とコミュニケーションを取ることができるようになります。

　今まで、英語がまったくできず、通訳を使うこともできなかった人が、AIの力を借りることにより、多少なりともコミュニケーションの機会が与えられることになります。

　コミュニケーションがとれるようになると、次は相手の感情を理解したり、こちらの思いを直接伝えたりしたくなるものです。それがビジネスのミーティングであっても、感情や思いを伝えることで、親しみを感じたり、信頼感を育てたりすることにもつながります。

　しかし、AIの翻訳には、これができないのです。「うれしいです」「悲しいです」など、そのまま翻訳することはできるかもしれませんが、感情の微妙なニュアンスや機微といった部分まで、AIが正確に伝えることはできません。

　ですから、AIに頼ってコミュニケーションする機会が増えれば増えるほど、逆に「自分で英語で伝えたい」というモ

チベーションも高まるのではないかと思っています。

テクノロジーは、英語がベースになっている

2つ目は、AIを筆頭に、テクノロジーはすべて英語をベースに進化していることがあります。

AIが発展して機械翻訳の精度が高くなるということは、テクノロジーが進化している証拠です。しかし、これが加速すればするほど、英語の必要性は高まってきます。というのは、多くのテクノロジーはアメリカを中心に発展しており、多くの情報は英語で発信されています。一見テクノロジーには関係のない分野でも、その背後には英語という言語を使ったあらゆるテクノロジーが存在しているものです。

日本語しか理解できない人は、Google翻訳を通して海外の情報をインプットすることになりますが、英語で直接情報をインプットしている人に比べて、情報を得るスピードは遅くなります。

この積み重ねは小さいようで非常に大きく、英語ができる人とできない人の格差というのは、テクノロジードリブンの世の中になればなるほど大きくなってくるのではないかと思います。

AI時代に、英語は本当に必要か
エピローグ

日本人だけ英語が話せない状況でいいわけはない

　3つ目は、日本を除いた多くの国では、すでに英語を話せる人が以前よりはるかに多くなっていることです。

　世界でビジネスをしている方は、日本人の英語力がどれぐらい低いかを痛感されていると思います。海外のビジネスパーソンの多くは、英語を話すことができます。日本人だけが英語を話せないというと少し大袈裟ですが、そう表現してもあながちまちがっていないのではないかと思います。

　仮にアメリカ、イギリス、オーストラリア人だけが英語を話し、それ以外のノンネイティブは英語を話せない世の中だったら、機械翻訳でこと足りる世の中がくる可能性も否定できません。

　しかし、すでに日本以外の多くの国の人の英語力は、高い水準にあります。彼らが機械翻訳を使って英語を話すことはありえません。そうすると、考えうるシチュエーションとしては、日本人だけが機械翻訳に頼っていて、それ以外のノンネイティブは英語で会話している状況です。

　もし、国際会議で6人中5人は英語を話し、日本人だけが機械を通して話していたら、いかがでしょうか？　そんな状況では日本の競争力はますます弱くなっていくに違いありません。

本当にそれでいいのでしょうか？　いいわけありません。

　私は、テクノロジーの進化で世界がフラットになればなるほど、英語を「自分の言葉で」話す機会や必要性が高くなると思っています。AIの進化をニュースで見るたびに、『ドラえもん』のひみつ道具「ほんやくコンニャク」が早く発売されたらいいと願っている人もいるかもしれませんが、自分でコントロールすることができない世の中の変化をただ待っているだけでよいのでしょうか？

　自らの手で人生を切り拓いていく道を選んでみませんか？

　たった３カ月、本書で見てきた方法で真剣に学習するだけで、必ず大きな変化を実感することができます。

　そして多くの場合、その３カ月の劇的な成果が、さらに英語学習を続けるモチベーションとなり、英語の学習を継続的なものへと変えてくれるはずです。

　１年後には、きっと大きな成長を遂げた自分自身に驚くでしょう。

　ビジネスの現場で使う英語に、高度なものは必要ありません。海外経験がなくても充分に到達可能なレベルです。

　ぜひ、本書で学んだことを活かして、本気で英語学習に取り組んでみてください。

　この本がきっかけで１人でも多くの方が英語を習得され、世界で活躍されることを心から祈っています。

参考文献

門田修平『シャドーイング・音読と英語コミュニケーションの科学』コスモ
　ピア、2015 年

門田修平『外国語を話せるようになるしくみ　シャドーイングが言語習得を
　促進するメカニズム』サイエンス・アイ新書、2018 年

白井恭弘『英語はもっと科学的に学習しよう』KADOKAWA、2013 年

白井恭弘『英語教師のための第二言語習得論入門』大修館書店、2012 年

竹蓋幸生『英語教育の科学　コミュニケーション能力の養成を目指して』ア
　ルク、1997 年

JACET SLA研究会編著『第二言語習得と英語科教育法』開拓社、2013 年

Susan M. Gass『Input, Interaction, and the Second Language Learner』
　Routledge、2017 年

岡田祥吾（おかだ　しょうご）
1991年、大阪府生まれ。2014年、大阪大学工学部を卒業後、マッキンゼー・アンド・カンパニーに入社。日本企業の海外進出、海外企業の日本市場戦略立案などに携わる。16年、株式会社GRITを設立。代表取締役社長に就任し、問題解決アプローチを適用した英語コーチングプログラム「PROGRIT」で、英語学習業界に衝撃を与える。

PROGRIT公式サイト
https://www.progrit.co.jp/

英語学習2.0

2019年2月28日　初版発行
2019年4月30日　4版発行

著者／岡田祥吾

発行者／郡司　聡

発行／株式会社KADOKAWA
〒102-8177　東京都千代田区富士見2-13-3
電話　0570-002-301(ナビダイヤル)

印刷・製本／大日本印刷株式会社

本書の無断複製（コピー、スキャン、デジタル化等）並びに
無断複製物の譲渡及び配信は、著作権法上での例外を除き禁じられています。
また、本書を代行業者などの第三者に依頼して複製する行為は、
たとえ個人や家庭内での利用であっても一切認められておりません。

KADOKAWAカスタマーサポート
〔電話〕0570-002-301（土日祝日を除く11時～13時、14時～17時）
〔WEB〕https://www.kadokawa.co.jp/（「お問い合わせ」へお進みください）
※製造不良品につきましては上記窓口にて承ります。
※記述・収録内容を超えるご質問にはお答えできない場合があります。
※サポートは日本国内に限らせていただきます。

定価はカバーに表示してあります。

©Shogo Okada 2019　Printed in Japan
ISBN 978-4-04-107513-5　C0082